Kindeswohlgefährdung – vorbeugen, erkennen, handeln

AF626961

Liebe Leserinnen, liebe Leser!

Kinder haben ein Recht auf gewaltfreie Erziehung. Dennoch gehören Anschreien, Schläge, mangelnde Fürsorge, sexueller Missbrauch oder andere Formen von Gewalt, die das Wohl der Kinder gefährden, in manchen Familien nach wie vor zum Alltag. Meist handeln die Eltern oder andere Erziehungspersonen nicht aus Überzeugung, sondern aus Hilflosigkeit. Besonders in zugespitzten Konfliktsituationen und wenn sie selbst mit ihren Kräften am Ende sind, verlieren sie die Kontrolle über sich und fügen dem Kind Schaden zu. Frühe Ansprache, Beratung und Hilfe können sie dabei unterstützen, einen Weg aus der Gewaltspirale zu finden. Manchmal müssen Kinder aber auch vor ihren eigenen Eltern geschützt werden. Die Erkenntnis, dass einem Kind von seinen wichtigsten Bezugspersonen Schaden zugefügt wird, ist für pädagogische Fachkräfte nur schwer erträglich. Viele Fragen tauchen auf: Sollen wir die Eltern ansprechen? Auf welche Weise sollten wir das am besten tun? Wie groß ist die Gefahr weiterer Gefährdungen? Haben wir bereits etwas übersehen oder versäumt? Ab wann müssen wir das Jugendamt informieren? Wie können wir das Kind schützen, ohne den Kontakt zu den Eltern aufs Spiel zu setzen?
Der Schutz der Kinder vor Gefahren für ihr Wohl gehört zu den Pflichtaufgaben jeder Kindertageseinrichtung. Pädagogische Fachkräfte erleben die Kinder dort viele Stunden lang an den meisten Tagen im Jahr. Sie haben regelmäßig Kontakt zu den Eltern, mit denen sie eine Erziehungs- und Bildungspartnerschaft eingehen. Deshalb sind sie besonders gut geeignet, Anzeichen für eine Gefährdung bei Kindern frühzeitig zu erkennen und entsprechende Hilfen anzubahnen. Ziel des vorliegenden Heftes ist es, den im Bundeskinderschutzgesetz und in § 8a SGB VIII festgeschriebenen Schutzauftrag bei Kindeswohlgefährdung für den Bereich der Kindertageseinrichtungen zu erläutern und für die Praxis handhabbar zu machen. Sowohl der präventive Kinderschutz als auch der Schutz durch hilfreiche Intervention werden behandelt. An zahlreichen Beispielen werden Wege des Handelns bei Verdacht auf Kindeswohlgefährdung dargestellt. Ein Schwerpunkt liegt auf dem Umgang und der Gesprächsführung mit betroffenen Kindern und Eltern. Darüber hinaus wird wichtiges Hintergrundwissen vermittelt. Gerade weil pädagogische Fachkräfte sich hinsichtlich ihres Schutzauftrags häufig unsicher oder überfordert fühlen, werden hier besonders ausführlich Fragen der Risikoabschätzung und der Hilfen bei Gefährdungen behandelt. Rolle und Aufgabe der Kindertageseinrichtung im Hilfeprozess werden dabei ebenso beschrieben wie die Zusammenarbeit mit anderen Einrichtungen und Diensten. Denn nur fundiertes Wissen sowie eine gute Vernetzung ermöglichen wirkungsvolle Prävention und Hilfe im Akutfall.

Jörg Maywald

Prof. Dr. Jörg Maywald ist Soziologe, Geschäftsführer der Deutschen Liga für das Kind, Honorarprofessor an der Fachhochschule Potsdam und Sprecher der National Coalition für die Umsetzung der UN-Kinderrechtskonvention in Deutschland. Er ist Mitbegründer des Berliner Kinderschutz-Zentrums und war viele Jahre in der Kinder- und Jugendhilfe sowie im Kinder- und Jugendgesundheitsbereich tätig.
Kontakt: Deutsche Liga für das Kind, Charlottenstr. 65, 10117 Berlin, E-Mail: post@liga-kind.de

V. Ursachen und Folgen von Gefährdungen

VI. Präventiver Kinderschutz

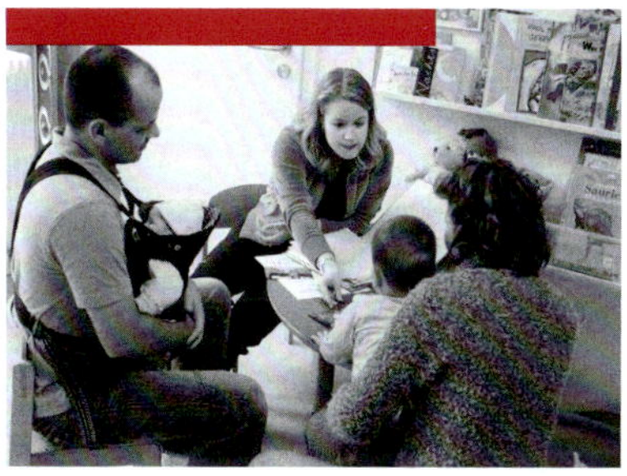

VII. Hilfen bei Kindeswohlgefährdung

I. Das Bild vom Kind – ein gesellschaftlicher Wandel

Über Jahrtausende hinweg galten Kinder als nicht vollwertige Menschen, den Erwachsenen in jeder Hinsicht unterlegen und ihnen daher auch rechtlich nicht gleichgestellt. Kindesmisshandlung war üblich und gesellschaftlich keineswegs geächtet. Kinder als Subjekte und Träger eigener Rechte anzusehen – was auch das Recht auf gewaltfreie Erziehung einschließt – ist historisch neu.

Ein Blick in die Geschichte

Kinder als Subjekte und Träger eigener Rechte anzusehen und Gewalt in der Erziehung nicht zuzulassen, ist historisch neu und auch heute im Bewusstsein vieler Erwachsener nicht fest verankert. Das hängt mit dem überlieferten Bild vom Kind zusammen. Über Jahrtausende hinweg galten Kinder als noch nicht vollwertige Menschen, den Erwachsenen in jeder Hinsicht unterlegen und ihnen daher rechtlich und faktisch nicht gleichgestellt. Im Verhältnis der Generationen waren die jüngsten und schwächsten Mitglieder der Gesellschaft zugleich diejenigen mit den geringsten Rechten.
Ein Blick in die Geschichte zeigt, wie sich Einstellung und Verhalten der Erwachsenen gegenüber den Kindern allmählich gewandelt haben. Unter dem Titel „Hört ihr die Kinder weinen" heißt es bei Lloyd de Mause: „Die Geschichte der Kindheit ist ein Alptraum, aus dem wir gerade erst erwachen. Je weiter wir in der Geschichte zurückgehen, desto unzureichender wird die Pflege der Kinder, die Fürsorge für sie, und desto größer die Wahrscheinlichkeit, dass Kinder getötet, ausgesetzt, geschlagen, gequält und sexuell missbraucht wurden. (…) Bei antiken Autoren (gibt es) Hunderte von eindeutigen Hinweisen darauf, dass das Umbringen von Kindern eine allgemein akzeptierte alltägliche Erscheinung war. Kinder wurden in Flüsse geworfen, in Misthaufen und Jauchegräben geschleudert, in Gefäßen ‚eingemacht', um sie darin verhungern zu lassen, auf Bergen und an Wegrändern ausgesetzt als Beute für Vögel, Futter für wilde Tiere, die sie zerreißen würden" (de Mause 1977, S. 12 und 46).
Auch wenn Eltern in der Antike durchaus zu Mitgefühl fähig und ihnen die Kinder nicht gleichgültig waren, ist doch festzustellen, dass Kinder nicht als vollwertige Menschen galten. Bezeichnend ist, dass die griechischen und lateinischen Wörter für Kind („pais" bzw. „puer") zugleich auch „Sklave" und „Diener" bedeuten. Im patriarchalischen römischen Recht lag es in der Hand des Vaters, ein neugeborenes Kind anzunehmen oder aber dem Tode auszusetzen (ius vitae et necis).
Tief greifende Veränderungen in unserem Kulturkreis setzten mit der Ausbreitung des Christentums ein. Es ist wohl kein Zufall, dass es erst eines Massenmordes an Kindern durch den römischen Statthalter Herodes bedurfte, um das Bild vom Kind nachhaltig zu verändern und Kinder als den Erwachsenen zumindest vor Gott gleichgestellte Menschen anzuerkennen. Infolge der sich allmählich durchsetzenden christlichen Fürsorgepflicht (caritas) wurden Kindesaussetzungen verboten und erste Kinderschutzeinrichtungen gegründet. 787 n.Chr. öffnete in Mailand das erste Asyl für ausgesetzte Kinder.
Im Zuge der Aufklärung wandelte sich das Bild vom Kind erneut. Neben der Anerkennung eines eigenständigen Lebensrechts des Kindes setzte sich die Auffassung durch, dass Kinder einer besonderen Förderung bedürfen. Die Kindheit als „Erfindung der Moderne" (Ariès) – als Lebensabschnitt mit eigenen Bedürfnissen – wurde geboren. Im 18., vor allem aber im 19. Jahrhundert wurden erste Arbeitsschutzgesetze erlassen. Die Schule und später der Kindergarten traten als Orte der Bildung und Erziehung zur Familie hinzu. Verbote von „grober" Misshandlung und „unangemessener" Züchtigung durch Eltern, Lehrer, Lehrherren und Heim- und Gefängnisaufseher sollten die schlimmsten Auswüchse von Gewalt gegen Kinder verhindern. Lebensbedingungen, Gesundheit und das Wohl der Kinder wurden zusammen mit der „sozialen Frage" zunehmend Gegenstand des öffentlichen Interesses.

Kinderrechte weltweit

Zu Beginn des 20. Jahrhunderts wurde eine Bewegung allmählich stärker, die umfassende Rechte für Kinder verlangte. Den Auftakt hierzu machte die schwedische Pädagogin und Frauenrechtlerin Ellen Key, die in ihrem im Jahr 1900 erschienenen Buch „Das Jahrhundert des Kindes" unter anderem ein Recht jedes Kindes auf körperliche Unversehrtheit forderte.
Unter dem Eindruck massenhaften Kinderelends im Ersten Weltkrieg gründete die englische Grundschullehrerin Eglantyne Jebb 1920 das britische Komitee „Save the Children International Union" als ersten internationalen Lobbyverband für die Interessen von Kindern. Ihr in der Zeitschrift „The World's Children" veröffentlichtes Fünf-Punkte-Programm enthielt grundlegende Schutzverpflichtungen der Erwachsenen gegenüber den Kindern und bildete

Die „Entdeckung der Kindheit" erfolgte im Zeitalter der Aufklärung.

die Grundlage für die vom Völkerbund 1924 verkündete „Geneva Declaration" („Genfer Erklärung"). Ebenfalls in den 1920er-Jahren proklamierte der polnische Kinderarzt und Pädagoge Janusz Korczak in seiner „Magna Charta Libertatis" ein Recht des Kindes auf unbedingte Achtung seiner Persönlichkeit als Grundlage sämtlicher Kinderrechte. Als Leiter eines jüdischen Waisenhauses in Warschau forderte er umfassende Beteiligungsrechte für Kinder und überwand damit die Vorstellung einer allein von Schutz und Förderung geprägten Sichtweise zugunsten eines Bildes vom Kind, das von Gleichwertigkeit und Respekt geprägt ist. „Das Kind wird nicht erst ein Mensch, es ist schon einer", lautete die Quintessenz seiner – der damaligen Zeit weit vorauseilenden – Anschauung.

Kinderrechte wurden erst im 20. Jahrhundert zum Thema.

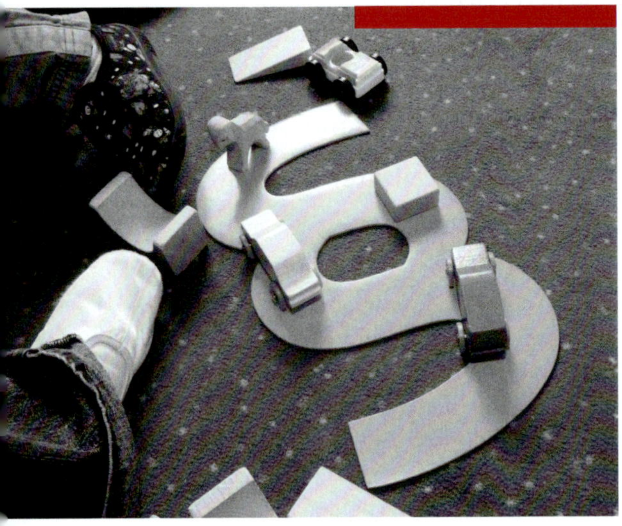

Kinder haben Rechte

Nach dem Zweiten Weltkrieg setzten die Vereinten Nationen als Nachfolger des Völkerbundes die Beratungen fort. Ein überarbeiteter und erweiterter Text der „Geneva Declaration" wurde am 20. November 1959 von der Vollversammlung der Vereinten Nationen als „Deklaration über die Rechte des Kindes" verabschiedet. In dieser Deklaration wird das Kind erstmals auf internationaler Ebene als Rechtsträger bezeichnet und der Begriff des Kindeswohls („best interests of the child") eingeführt.
Auf der Grundlage einer polnischen Initiative anlässlich des Internationalen Jahres des Kindes 1979 wurde eine Arbeitsgruppe der Menschenrechtskommission bei den Vereinten Nationen damit beauftragt, eine Konvention über die Rechte des Kindes zu erarbeiten, die für die unterzeichnenden Staaten – im Unterschied zu der (unverbindlichen) Deklaration – völkerrechtlich verbindlich sein sollte. Am 20. November 1989 wurde dann in der 44. Vollversammlung der Vereinten Nationen das „Übereinkommen über die Rechte des Kindes" (Kinderrechtskonvention) einstimmig verabschiedet. Das Übereinkommen ist insofern einmalig, als es die bisher größte Bandbreite fundamentaler Menschenrechte – ökonomische, soziale, kulturelle, zivile und politische – in einem einzigen Vertragswerk zusammenbindet. Die in den 54 Artikeln dargelegten, völkerrechtlich verbindlichen Mindeststandards haben zum Ziel, weltweit die Würde, das Überleben und die Entwicklung von Kindern (bis 18 Jahren) und damit von mehr als der Hälfte der Weltbevölkerung sicherzustellen. Bis heute haben 193 Staaten die Konvention ratifiziert, lediglich Somalia und die USA gehören nicht dazu.
Ein Jahr später fand in New York der erste Weltkindergipfel statt. Dort wurde ein Programm verabschiedet, das die Lage der Kinder vor allem in den Entwicklungsländern verbessern sollte. Im Mai 2002 folgte der zweite Weltkindergipfel. Erstmals in der Geschichte der Vereinten Nationen kamen Kinder in der Vollversammlung zu Wort. Ihre zentrale Botschaft lautete, dass Kinder nicht nur die oft zitierte Zukunft sind, sondern dass sie heute schon da sind und ihre Rechte einfordern.
Im Jahr 2006 wurde die UN-Behindertenrechtskonvention verabschiedet, die ebenfalls zahlreiche Kinderrechte enthält, darunter das Recht auf inklusive Bildung. Schließlich beschlossen die Vereinten Nationen Ende 2011 ein Zusatzprotokoll zur UN-Kinderrechtskonvention betreffend die Einführung eines Individualbeschwerdeverfahrens. Bei seinem Inkrafttreten erhalten Kinder, deren Rechte nach der Konvention verletzt sind, nach Ausschöpfung des innerstaatlichen Rechtswegs die Möglichkeit, sich mit ihren Beschwerden an den UN-Ausschuss für die Rechte des Kindes zu wenden.

Entwicklung der Kinderrechte in Deutschland

Deutschland hat die UN-Kinderrechtskonvention 1992 ratifiziert, allerdings nicht uneingeschränkt. In einer Erklärung wurden Vorbehalte besonders im Hinblick auf die rechtliche Situation von Kindern ohne deutschen Pass formuliert. Erst 2010 hat Deutschland die Vorbehaltserklärung zurückgenommen. Seitdem gelten die Rechte nach der Konvention vorbehaltlos für alle in Deutschland lebenden Kinder. Trotz mancher Einschränkungen ist es auch in Deutschland in den vergangenen rund dreißig Jahren zu einem tief greifenden Perspektivenwechsel gekommen. Kinder werden rechtlich weitgehend nicht mehr als Objekte der Erwachsenen, sondern als Subjekte und damit als Träger eigener Rechte betrachtet. So wurde bereits im Zusammenhang mit der umfassenden Sorgerechtsreform von 1980 der Übergang von der elterlichen „Gewalt" zur elterlichen „Sorge" vollzogen. Außerdem wurde der § 1626 (Absatz 2) in das Bürgerliche Gesetzbuch (BGB) eingefügt, der erstmals die Mitsprache von Kindern und Jugendlichen an allen sie betreffenden Entscheidungen ihrer Eltern rechtsverbindlich festlegte. Seitdem heißt es dort: „Bei der Pflege und Erziehung berücksichtigen die Eltern die wachsende Fähigkeit und das wachsende Bedürfnis des Kindes zu selbstständigem verantwortungsbewusstem Handeln. Sie besprechen mit dem Kind, soweit es nach dessen Entwicklungsstand angezeigt ist, Fragen der elterlichen Sorge und streben Einvernehmen an."

Das 1990 in Kraft getretene Kinder- und Jugendhilfegesetz (KJHG), dessen Kern das Achte Buch Sozialgesetzbuch (SGB VIII) bildet, benennt Kinder und Jugendliche ausdrücklich als Träger eigener Rechte. Gemäß § 8 Abs. 2 und 3 SGB VIII haben sie das Recht, sich in allen Angelegenheiten der Erziehung und Entwicklung an das Jugendamt zu wenden und dort in einer Not- und Konfliktlage auch ohne Kenntnis ihrer Eltern beraten zu werden. Nach den §§ 35a und 42 SGB VIII haben Kinder und Jugendliche einen eigenen Anspruch auf Eingliederungshilfe bei seelischer Behinderung bzw. auf Inobhutnahme. 1996 kam mit § 24 SGB VIII der Anspruch des Kindes auf frühe Förderung in einer Tageseinrichtung vom vollendeten dritten Lebensjahr an hinzu. Ab August 2013 wird dieser Anspruch auf das zweite und dritte Lebensjahr ausgedehnt.

Die Kindschaftsrechtsreform von 1998 brachte neben der weitgehenden Gleichstellung ehelicher und nicht ehelicher Kinder unter anderem das Recht des Kindes auf Umgang mit beiden Eltern (§ 1684 Abs. 1 BGB) und die Möglichkeit, Kindern in Verfahren, die die elterliche Sorge betreffen, einen Verfahrensbeistand als „Anwalt des Kindes" zur Seite zu stellen. Ein besonders wichtiges Glied in der Kette bedeutender Kinderrechte in Deutschland ist das im November 2000 verabschiedete Gesetz zur Ächtung der Gewalt in der Erziehung (BGBl I 1479 v. 7.11.00). Seitdem haben Kinder bei uns auch im Verhältnis zu den eigenen Eltern ein Recht auf gewaltfreie Erziehung.

Entgegen den Fortschritten auf der einfachgesetzlichen Ebene kommen Kinder in der deutschen Verfassung – dem Grundgesetz – allerdings weiterhin nicht als Träger eigener Rechte vor. In Artikel 6 des Grundgesetzes (Ehe und Familie) werden sie lediglich als Anhängsel ihrer Eltern behandelt und es bedurfte eigens eines Urteils des Bundesverfassungsgerichts, um klarzustellen, dass das Kind – wie es in einem wegweisenden Urteil aus dem Jahr 1968 heißt – „ein Wesen mit eigener Menschenwürde und dem eigenen Recht auf freie Entfaltung seiner Persönlichkeit im Sinne der Artikel 1 (1) und Artikel 2 (1) GG ist" (BVerfGE 24, 119, 144).

Der lange Weg zum Recht auf gewaltfreie Erziehung

Der jahrzehntelange Kampf um die Durchsetzung eines Rechts des Kindes auf gewaltfreie Erziehung ist ein Beispiel dafür, welcher Bewusstseinswandel in Deutschland stattgefunden hat, wenn es um das Verhältnis zu Kindern geht.

Die UN-Kinderrechtskonvention wurde 1989 verabschiedet.

Als im Jahr 1900 das Bürgerliche Gesetzbuch in Kraft trat, hatte der Vater gemäß der ursprünglichen Fassung des § 1631 Abs. 2 BGB ausdrücklich das Recht, „angemessene Zuchtmittel gegen das Kind anzuwenden". Das Gesetz schrieb dem Vater als Patriarchen der Familie eine Art „Alleinherrschaft" zu, die sich nicht nur auf die Kinder, sondern ebenso auf die Ehefrau erstreckte. (Bis 1928 hatte der Ehemann ein verbrieftes Recht auf körperliche Züchtigung seiner Ehefrau.) Es dauerte fast sechzig Jahre, bis das väterliche Züchtigungsrecht im Zuge des Gleichberechtigungsgesetzes 1958 ersatzlos gestrichen wurde. Dem Gesetzgeber war aufgefallen, dass das Recht zur körperlichen Züchtigung nicht gleichermaßen der Mutter zuerkannt war, was dann dazu führte, dass es ganz aus dem Gesetz verbannt wurde. In der Praxis änderte sich dadurch jedoch kaum etwas. Denn während das Jugendarbeitsschutzgesetz aus dem Jahre 1960 ein ausdrückliches Züchtigungsverbot im Lehr- und Arbeitsverhältnis enthielt, fehlte eine solche Norm für das Eltern-Kind-Verhältnis. In der öffentlichen Meinung und auch in der Rechtsprechung wurde die körperliche Züchtigung weiterhin als Gewohnheitsrecht der Eltern betrachtet. So schlossen sich 1970 in einer Umfrage des Instituts für Demoskopie Allensbach fast 40 Prozent der Erwachsenen der Meinung an: „Schläge gehören zur Erziehung, das hat noch keinem Kind geschadet." Noch Ende der 1980er-Jahre verkündete der Bundesgerichtshof (BGH) in einer Entscheidung, dass die Verwendung eines stabilen Wasserschlauchs als Schlaggegenstand als solches nicht als entwürdigende Behandlung anzusehen sei (BGH JZ 1988, 617).

Ziel des Gesetzes aus dem Jahr 2000 ist die Ächtung von Gewalt in der Erziehung.

Allmählich allerdings setzte ein Stimmungsumschwung ein. Im Jahr 1998 waren nur noch knapp 15 Prozent der Erwachsenen in Ost und West der Ansicht, dass Schläge zur Erziehung gehören, während der Anteil derjenigen, die es grundsätzlich falsch finden, ein Kind mit Schlägen zu bestrafen, von 28 Prozent im Jahr 1970 auf immerhin fast 40 Prozent anstieg. Im Zusammenhang mit dem von den Vereinten Nationen 1979 proklamierten Internationalen Jahr des Kindes forderten der Deutsche Kinderschutzbund und der Deutsche Juristinnenbund erstmals, ein ausdrückliches Züchtigungsverbot in das Bürgerliche Gesetzbuch aufzunehmen. Im Rahmen der Beratungen des Rechtsausschusses des Deutschen Bundestags zu der ersten großen Kindschaftsrechtsreform schlug der Deutsche Juristinnenbund als Lösung dafür die folgende Formulierung vor: „In der Eltern-Kind-Beziehung ist die Menschenwürde zu achten und die freie Entfaltung der Persönlichkeit aller Familienmitglieder zu ermöglichen. Gewalt darf nicht angewendet werden."
Trotz des reformerischen Geistes war die Zeit für ein Gewaltverbot in der Erziehung noch nicht reif. Der Rechtsausschuss lehnte die ausdrückliche Normierung eines Gewaltverbots ab und fand stattdessen für § 1631 Abs. 2 BGB die folgende, dann 1980 im Zusammenhang mit der großen Sorgerechtsreform Gesetz gewordene Fassung: „Entwürdigende Erziehungsmaßnahmen sind unzulässig." Mit dieser Änderung war ein wichtiger Schritt auf dem Weg zur gewaltfreien Erziehung getan. Seitdem können Eltern in Deutschland nicht mehr von einem gesellschaftlichen Konsens oder gar von einer gesetzlichen Billigung ausgehen, wenn sie ihr Kind schlagen.

Druck auf den Gesetzgeber
Anfang der 1990er-Jahre wurde der Druck auf den deutschen Gesetzgeber durch die Verabschiedung der UN-Kinderrechtskonvention, die in Art. 19 ein absolutes Gewaltverbot in der Erziehung enthält, auch von internationaler Seite verstärkt. Doch während Länder wie Schweden, Finnland, Dänemark, Norwegen und Österreich Gewaltverbote in ihren Gesetzen durchsetzten, behielt in Deutschland die Abwehr gegen ein striktes und allgemeines Gewaltverbot in der Erziehung zunächst weiter die Oberhand. Zwar wurden Anfang der 1990er Jahre im Bundestag und Bundesrat erneut mehrere Entwürfe zur Änderung des § 1631 Abs. 2 BGB beraten, es kam aber zu keiner Verabschiedung. Erst im Rahmen der zweiten großen Kindschaftsrechtsreform von 1998 gelang eine erneute Änderung des umstrittenen Paragrafen. Die damalige Formulierung (Abs. 2) lautete: „Entwürdigende Erziehungsmaßnahmen, insbesondere körperliche und seelische Misshandlungen, sind unzulässig." Ein absolutes Gewaltverbot wurde ein weiteres Mal abgelehnt, trotz des Drucks von politi-

schen Parteien, Verbänden und Wissenschaftlern, die immer wieder auf den Zusammenhang zwischen Gewalterfahrung und (späterer) Gewaltbereitschaft hinwiesen.
Der Regierungswechsel auf Bundesebene im Jahr 1998 brachte dann endlich den Durchbruch und machte den Weg frei für die lange geforderte Verankerung des Gewaltverbots in der Erziehung. Die seit dem Jahr 2000 geltende Neufassung des § 1631 Abs. 2 BGB lautet: „Kinder haben ein Recht auf gewaltfreie Erziehung. Körperliche Bestrafungen, seelische Verletzungen und andere entwürdigende Maßnahmen sind unzulässig." Nach § 1631 Abs. 2 Satz 1 BGB haben also alle in Deutschland lebenden Kinder ein Recht auf gewaltfreie Erziehung.
Das bedeutet, dass das Kind als Inhaber von Grundrechten – nämlich als Person mit eigener Würde – die Achtung seiner Persönlichkeit auch von den eigenen Eltern verlangen kann. Korrespondierend zu diesem Recht normiert § 1631 Abs. 2 Satz 2 BGB ein Verbot an die Eltern. Sie dürfen bei der Ausübung der Personensorge körperliche Bestrafungen, seelische Verletzungen und andere entwürdigende Maßnahmen nicht mehr einsetzen.
Verstoßen die Eltern gegen dieses Verbot, soll ihnen und den betroffenen Kindern und Jugendlichen vor allem Hilfe angeboten werden. Denn Ziel des Gesetzes ist die Ächtung von Gewalt in der Erziehung und nicht – wie es in der Begründung für das Gesetz ausdrücklich heißt – die Kriminalisierung der Eltern. Nicht die Strafverfolgung oder der Entzug der elterlichen Sorge sollen in Konfliktlagen im Vordergrund stehen, sondern Hilfen für die betroffenen Familienmitglieder. Ergänzend wurde daher in § 16 Abs. 1 SGB VIII die Pflicht der Jugendbehörden angefügt, „Wege aufzuzeigen, wie Konfliktsituationen in der Familie gewaltfrei gelöst werden können." Mit der Reform des § 1631 Abs. 2 BGB im Jahr 2000 ist der Berufung auf ein angeblich bestehendes elterliches Züchtigungsrecht endgültig der Boden entzogen worden. Gewalt in jeder Form darf nicht mehr als legitimes Mittel der Erziehung angesehen werden.

Geschichte der Kinderrechte – Zusammenfassung

- Kinder als (Rechts-)Subjekte und Träger eigener Rechte anzusehen, ist historisch neu. Während im römischen Recht Kinder weitgehend rechtlos waren, erhielten sie mit dem Aufkommen des Christentums wenigstens ein Recht auf Leben. Im Zuge der Aufklärung wurden Arbeitschutz- und später auch Misshandlungsschutzgesetze zugunsten von Kindern erlassen.
- Mit Beginn des von Ellen Key im Jahr 1900 ausgerufenen „Jahrhundert des Kindes" und verstärkt durch das von Janusz Korczak in den 1920er-Jahren geforderte „Recht des Kindes auf Achtung" entwickelte sich allmählich weltweit ein Bewusstsein für die besonderen Rechtsbedürfnisse von Kindern. Vorläufiger Höhepunkt dieser globalen Entwicklung war die einstimmige Verabschiedung der UN-Kinderrechtskonvention durch die Vereinten Nationen am 20.11.1989.
- Auch in Deutschland kam es zu einem schrittweisen Wandel. 1980 wurde der Begriff der elterlichen Gewalt durch den der elterlichen Sorge abgelöst. Die UN-Kinderrechtskonvention wurde 1992 von Deutschland ratifiziert, wenn auch zunächst mit Vorbehalten, die erst 2010 zurückgenommen wurden. Das Grundgesetz kennt bis heute keine ausdrücklichen Kinderrechte.
- Bei Inkrafttreten des Bürgerlichen Gesetzbuchs im Jahr 1900 hatte der Vater gemäß § 1631 Abs. 2 BGB noch das Recht, „kraft Erziehungsrechts angemessene Zuchtmittel gegen das Kind anzuwenden". Nach verschiedenen Umformulierungen und heftigen politischen Kontroversen enthält derselbe Paragraf seit 2000 ein Recht jedes Kindes auf gewaltfreie Erziehung. Seitdem gehört Deutschland zu denjenigen Ländern, die ein absolutes Gewaltverbot in der Erziehung gesetzlich verankert haben.

II. Rechtliche Rahmenbedingungen

Sowohl nach internationaler als auch nach nationaler Gesetzgebung haben Kinder ein Recht auf Schutz vor Gefahren für ihr Wohl. Da den Kindertageseinrichtungen nach dem Bundeskinderschutzgesetz und insbesondere gemäß § 8a SGB VIII ein eigener Schutzauftrag bei Kindeswohlgefährdung zukommt, ist es für pädagogische Fachkräfte unerlässlich, sich mit den rechtlichen Rahmenbedingungen des Kinderschutzes vertraut zu machen.

UN-Kinderrechtskonvention

Ausgangspunkt der UN-Kinderrechtskonvention ist die Stellung des Kindes als (Rechts-)Subjekt und Träger eigener, unveräußerlicher Menschenrechte. Die in dem „Gebäude der Kinderrechte" wichtigsten Schutz-, Förder- und Beteiligungsrechte finden sich in den Artikeln 2, 3, 6, 12 und 19. Art. 2 enthält ein umfassendes Diskriminierungsverbot. In Art. 3 Abs. 1 ist der Vorrang des Kindeswohls festgeschrieben, demzufolge das Wohl des Kindes bei allen Gesetzgebungs-, Verwaltungs- und sonstigen Maßnahmen öffentlicher oder privater Einrichtungen vorrangig zu berücksichtigen ist. Art. 6 sichert das grundlegende Recht jedes Kindes auf Leben, Überleben und Entwicklung. Gemäß Art. 12 hat jedes Kind das Recht, in allen Angelegenheiten, die es betreffen, unmittelbar oder durch einen Vertreter gehört zu werden. Die Meinung des Kindes muss angemessen und entsprechend seinem Alter und seiner Reife berücksichtigt werden. Ein uneingeschränktes Gewaltverbot in der Erziehung ist in Art. 19 Abs. 1 niedergelegt. Dort heißt es: „Die Vertragsstaaten treffen alle geeigneten Gesetzgebungs-, Verwaltungs-, Sozial- und Bildungsmaßnahmen, um das Kind vor jeder Form körperlicher oder geistiger Gewaltanwendung, Schadenszufügung oder Misshandlung, vor Verwahrlosung oder Vernachlässigung, vor schlechter Behandlung oder Ausbeutung einschließlich des sexuellen Missbrauchs zu schützen, solange es sich in der Obhut der Eltern oder eines Elternteils, eines Vormunds oder anderen gesetzlichen Vertreters oder einer anderen Person befindet, die das Kind betreut." (Nachzulesen z. B. unter: www.unicef.de/fileadmin/content_media/projekte/themen/PDF/UN-Kinder rechtskonvention.pdf)

EU-Grundrechtecharta

Im Gegensatz zum Grundgesetz enthält die im Jahr 2000 verabschiedete EU-Grundrechtecharta eigene Kinderrechte. Art. 24 (Rechte des Kindes) lautet wie folgt: „(1) Kinder haben Anspruch auf den Schutz und die Fürsorge, die für ihr Wohlergehen notwendig sind. Sie können ihre Meinung frei äußern. Ihre Meinung wird in den Angelegenheiten, die sie betreffen, in einer ihrem Alter und ihrem Reifegrad entsprechenden Weise berücksichtigt. (2) Bei allen Kinder betreffenden Maßnahmen öffentlicher oder privater Einrichtungen muss das Wohl des Kindes eine vorrangige Erwägung sein. (3) Jedes Kind hat Anspruch auf regelmäßige persönliche Beziehungen und direkte Kontakte zu beiden Elternteilen, es sei denn, dies steht seinem Wohl entgegen."

Grundgesetz

Das Grundgesetz (GG) kennt bisher keine eigenen Kinderrechte. Auch vom Kindeswohl ist dort nicht explizit die Rede. Art. 6 Abs. 2 GG spricht lediglich vom Recht der Eltern und der zuvörderst ihnen obliegenden Pflicht, ihre Kinder zu pflegen und zu erziehen. Allerdings gehört es zur gefestigten Rechtsprechung des Bundesverfassungsgerichts, dass das Kind selbst Träger subjektiver Rechte ist. Daraus folgt, dass Rechte und Pflichten der Eltern an die Persönlichkeitsrechte des Kindes gebunden sind. Den Maßstab der elterlichen Handlungen und Unterlassungen bildet das Kindeswohl, insbesondere wenn es um die Lösung von Konflikten geht. Dabei geht das Bundesverfassungsgericht davon aus, dass „in aller Regel Eltern das Wohl des Kindes mehr am Herzen liegt als irgendeiner anderen Person oder Institution" (BVerfGE 59, 360, 376).

Wenn jedoch die Eltern die Menschenwürde des Kindes nicht respektieren und seine Persönlichkeitsrechte grob missachten, dann – so das Bundesverfassungsgericht – „muss der Staat wachen und notfalls das Kind, das sich noch nicht selbst zu schützen vermag, davor bewahren, dass seine Entwicklung durch den Missbrauch der elterlichen Rechte oder eine Vernachlässigung Schaden leidet. In diesem Sinne bildet das Wohl des Kindes den Richtpunkt für den Auftrag des Staates gemäß Art. 6 Abs. 2 GG" (BVerfGE 24, 119).

Entsprechend ist in Art. 6 Abs. 2 GG neben dem Recht und der Pflicht der Eltern, ihre Kinder zu pflegen und zu erziehen, das Wächteramt der staatlichen Gemeinschaft festgeschrieben: Der Staat hat über die Betätigung der Eltern zu wachen und das Kind notfalls auch vor seinen eigenen Eltern zu schützen.

Eine Wegnahme des Kindes gegen den Willen der Erziehungsberechtigten ist jedoch gemäß Art. 6 Abs. 3 GG nur aufgrund eines Gesetzes und nur in den Fällen möglich, in

Das Grundgesetz kennt bisher keine eigenen Kinderrechte

denen „die Erziehungsberechtigten versagen oder wenn die Kinder aus anderen Gründen zu verwahrlosen drohen".

Bürgerliches Gesetzbuch

Das Kindschafts- und Familienrecht ist Bestandteil des Bürgerlichen Gesetzbuchs und regelt die rechtlichen Beziehungen zwischen Eltern und Kindern. In § 1627 BGB wird das elterliche Handeln und Unterlassen ausdrücklich an das Wohl des Kindes gebunden. Dort heißt es: „Die Eltern haben die elterliche Sorge in eigener Verantwortung und in gegenseitigem Einvernehmen zum Wohl des Kindes auszuüben. Bei Meinungsverschiedenheiten müssen sie versuchen, sich zu einigen." Gemäß § 1631 Abs. 2 BGB haben Kinder ein „Recht auf gewaltfreie Erziehung. Körperliche Bestrafungen, seelische Verletzungen und andere entwürdigende Maßnahmen sind unzulässig."

Im Jahr 2005 wurde der Schutzauftrag bei Kindeswohlgefährdung eingeführt.

Wenn Eltern das Wohl ihres Kindes gefährden, stellt § 1666 BGB die zentrale Begründungsnorm dar für einen legitimen Eingriff des Staates in das grundgesetzlich verbürgte Elternrecht. § 1666 Abs. 1 BGB lautet wie folgt: „Wird das körperliche, geistige oder seelische Wohl des Kindes oder sein Vermögen gefährdet und sind die Eltern nicht gewillt oder nicht in der Lage, die Gefahr abzuwenden, so hat das Familiengericht die Maßnahmen zu treffen, die zur Abwendung der Gefahr erforderlich sind." Zu den möglichen gerichtlichen Maßnahmen gehören gemäß § 1666 Abs. 3 BGB Gebote (z. B. das Gebot, Leistungen der Kinder- und Jugendhilfe oder der Gesundheitsfürsorge in Anspruch zu nehmen), Verbote (z. B. das Verbot, Verbindung zum Kind aufzunehmen), die Ersetzung von Erklärungen des Inhabers der elterlichen Sorge sowie die teilweise oder vollständige Entziehung der elterlichen Sorge.

Strafgesetzbuch

Schwere Misshandlung und Vernachlässigung sowie der sexuelle Missbrauch von Kindern sind Straftatbestände. Ziel einer Strafverfolgung ist allerdings nicht in erster Linie der Schutz des Kindes – hierfür kommen im Konfliktfall vor allem zivilrechtliche Maßnahmen wie zum Beispiel Auflagen oder eine Einschränkung des Sorgerechts in Betracht –, sondern die Ermittlung und gegebenenfalls Bestrafung des Täters bzw. der Täterin. Eine Pflicht zur Anzeige besteht nicht. Strafrechtlich wird die Misshandlung von Schutzbefohlenen in § 225, die Verletzung der Fürsorge- oder Erziehungspflicht in § 171 Strafgesetzbuch (StGB) erfasst. Sexueller Missbrauch von Kindern wird strafrechtlich in den §§ 176, 176a und 176b StGB behandelt.

Bundeskinderschutzgesetz

Am 1. Januar 2012 trat das „Gesetz zur Stärkung eines aktiven Schutzes von Kindern und Jugendlichen" (Bundeskinderschutzgesetz – BKiSchG) in Kraft. Ziel des Gesetzes sind gleichermaßen der Schutz des Wohls von Kindern und Jugendlichen sowie die Förderung ihrer körperlichen, geistigen und seelischen Entwicklung. Aktiver Kinderschutz soll sowohl vorbeugende als auch intervenierende Maßnahmen umfassen.

Bestandteile des umfangreichen Gesetzes sind u. a. die gesetzliche Verankerung „Früher Hilfen", der Aufbau lokaler Kooperationsnetzwerke im Kinderschutz und die Stärkung der Rolle von Familienhebammen, die regelhafte Verpflichtung des Jugendamts zum Hausbesuch bei Bekanntwerden gewichtiger Anhaltspunkte für eine Kindeswohlgefährdung, eine Befugnisnorm zur Datenweitergabe bei Kindeswohlgefährdung für Berufsgeheimnisträger wie z. B. Ärzte, die Verpflichtung zur Vorlage eines erweiterten Führungszeugnisses für Mitarbeiter/innen der Kinder- und Jugendhilfe sowie Bestimmungen zur Verbesserung der Kinderrechte und zur Qualitätsentwicklung in der Kinder- und Jugendhilfe.

Kinder- und Jugendhilfegesetz (SGB VIII)

Auch im Sozialrecht ist der Schutz von Kindern weit oben angesiedelt. Bereits in § 1 Abs. 3 SGB VIII heißt es, dass „Jugendhilfe (…) Kinder und Jugendliche vor Gefahren für ihr Wohl schützen (soll)". In dem 2005 in das SGB VIII eingeführten und mit Inkrafttreten des Bundeskinderschutzgesetzes 2012 nochmals geänderten § 8a wird der Schutzauftrag bei Kindeswohlgefährdung konkretisiert (s. Kasten). Der Schutzauftrag gilt sowohl für die Jugendämter als Vertreter der öffentlichen Kinder- und Jugendhilfe als auch für alle übrigen im Bereich der Kinder- und Jugendhilfe tätigen Einrichtungen und Dienste. Während die Absätze 1 bis 3 Aufgaben und Arbeitsweise des Jugendamts beschreiben, beinhaltet § 8a Abs. 4 SGB VIII das Vorgehen von anderen „Einrichtungen und Diensten, die Leistungen nach diesem

§ 8a SGB VIII: Schutzauftrag bei Kindeswohlgefährdung

(1) Werden dem Jugendamt gewichtige Anhaltspunkte für die Gefährdung des Wohls eines Kindes oder Jugendlichen bekannt, so hat es das Gefährdungsrisiko im Zusammenwirken mehrerer Fachkräfte einzuschätzen. Soweit der wirksame Schutz dieses Kindes oder dieses Jugendlichen nicht infrage gestellt wird, hat das Jugendamt die Erziehungsberechtigten sowie das Kind oder den Jugendlichen in die Gefährdungseinschätzung einzubeziehen und, sofern dies nach fachlicher Einschätzung erforderlich ist, sich dabei einen unmittelbaren Eindruck von dem Kind und von seiner persönlichen Umgebung zu verschaffen. Hält das Jugendamt zur Abwendung der Gefährdung die Gewährung von Hilfen für geeignet und notwendig, so hat es diese den Erziehungsberechtigten anzubieten.

(2) Hält das Jugendamt das Tätigwerden des Familiengerichts für erforderlich, so hat es das Gericht anzurufen; dies gilt auch, wenn die Erziehungsberechtigten nicht bereit oder in der Lage sind, bei der Abschätzung des Gefährdungsrisikos mitzuwirken. Besteht eine dringende Gefahr und kann die Entscheidung des Gerichts nicht abgewartet werden, so ist das Jugendamt verpflichtet, das Kind oder den Jugendlichen in Obhut zu nehmen.

(3) Soweit zur Abwendung der Gefährdung das Tätigwerden anderer Leistungsträger, der Einrichtungen der Gesundheitshilfe oder der Polizei notwendig ist, hat das Jugendamt auf die Inanspruchnahme durch die Erziehungsberechtigten hinzuwirken. Ist ein sofortiges Tätigwerden erforderlich und wirken die Personensorgeberechtigten oder die Erziehungsberechtigten nicht mit, so schaltet das Jugendamt die anderen zur Abwendung der Gefährdung zuständigen Stellen selbst ein.

(4) In Vereinbarungen mit den Trägern von Einrichtungen und Diensten, die Leistungen nach diesem Buch erbringen, ist sicherzustellen, dass 1. deren Fachkräfte bei Bekanntwerden gewichtiger Anhaltspunkte für die Gefährdung eines von ihnen betreuten Kindes oder Jugendlichen eine Gefährdungseinschätzung vornehmen, 2. bei der Gefährdungseinschätzung eine insoweit erfahrene Fachkraft beratend hinzugezogen wird sowie 3. die Erziehungsberechtigten sowie das Kind oder der Jugendliche in die Gefährdungseinschätzung einbezogen werden, soweit hierdurch der wirksame Schutz des Kindes oder Jugendlichen nicht in Frage gestellt wird. In die Vereinbarung ist neben den Kriterien für die Qualifikation der beratend hinzuzuziehenden insoweit erfahrenen Fachkraft insbesondere die Verpflichtung aufzunehmen, dass die Fachkräfte der Träger bei den Erziehungsberechtigten auf die Inanspruchnahme von Hilfen hinwirken, wenn sie diese für erforderlich halten, und das Jugendamt informieren, falls die Gefährdung nicht anders abgewendet werden kann.

(5) Werden einem örtlichen Träger gewichtige Anhaltspunkte für die Gefährdung des Wohls eines Kindes oder eines Jugendlichen bekannt, so sind dem für die Gewährung von Leistungen zuständigen örtlichen Träger die Daten mitzuteilen, deren Kenntnis zur Wahrnehmung des Schutzauftrags bei Kindeswohlgefährdung nach § 8a erforderlich ist. Die Mitteilung soll im Rahmen eines Gespräches zwischen den Fachkräften der beiden örtlichen Träger erfolgen, an dem die Personensorgeberechtigten sowie das Kind oder der Jugendliche beteiligt werden sollen, soweit hierdurch der wirksame Schutz des Kindes oder des Jugendlichen nicht in Frage gestellt wird.

Buch erbringen". Zu diesen gehören auch Kindertageseinrichtungen. Für die Träger von Kindertageseinrichtungen hat das im Zuge des Bundeskinderschutzgesetzes geänderte SGB VIII einige Neuregelungen im Bereich des Kinderschutzes gebracht. Gemäß § 8b haben die Träger nun einen Anspruch gegenüber den Landesjugendämtern, sich bei der Entwicklung und Anwendung fachlicher Leitlinien im Kinderschutz und im Bereich der Partizipation von Kindern beraten zu lassen. Weiterhin sind sie nach § 72a SGB VIII nunmehr verpflichtet, sich von ihren Beschäftigten in regelmäßigen Abständen ein erweitertes polizeiliches Führungszeugnis vorlegen zu lassen. Dies soll dazu beitragen, dem besonderen Schutzbedürfnis von Kindern in Einrichtungen gerade mit Blick auf Sexualstraftaten Rechnung zu tragen. Außerdem sind die Träger gemäß § 79a SGB VIII zur kontinuierlichen Qualitätsentwicklung und Qualitätssicherung verpflichtet. Diese Verpflichtung besteht für alle Kitas in kommunaler Trägerschaft und für diejenigen in freier Trägerschaft, deren Förderung über § 74 SGB VIII erfolgt. Die Entwicklung und Sicherung guter Qualität bezieht sich auch auf den Prozess der Gefährdungseinschätzung nach § 8a SGB VIII sowie auf die Sicherung der Rechte von Kindern in Einrichtungen und ihren Schutz vor Gewalt.

Datenschutz kontra Kinderschutz?

Der Schutz persönlicher Daten ist ein wichtiger Bestandteil des Persönlichkeitsschutzes und unabdingbar für eine vertrauensvolle Zusammenarbeit zwischen Eltern und Kindertageseinrichtung. Er findet allerdings dort seine Grenze, wo elementare Interessen Dritter berührt sind. Dies gilt in besonderer Weise für den Kinderschutz.

Im Konfliktfall hat der Kinderschutz Vorrang vor dem Datenschutz.

In § 62 Abs. 3 Punkt 2.d) SGB VIII ist ausdrücklich festgelegt, dass zur Erfüllung des Schutzauftrags bei Kindeswohlgefährdung nach § 8a SGB VIII Sozialdaten auch ohne Mitwirkung des Betroffenen erhoben werden dürfen. Dies bedeutet z. B., dass das Jugendamt in den Fällen, in denen gewichtige Anhaltspunkte für eine Kindeswohlgefährdung vorliegen, bei einer Kindertageseinrichtung auch ohne vorherige Zustimmung der Eltern (als Personensorgeberechtigte für das Kind) Informationen, die das Kind betreffen, einholen kann. Allerdings sollte das Jugendamt auch in diesem Fall erwägen, ob nicht eine vorherige Zustimmung der Eltern eingeholt werden kann, um das Vertrauensverhältnis nicht zu gefährden. Umgekehrt gilt, dass die Kindertageseinrichtung im Falle gewichtiger Anhaltspunkte für eine Kindeswohlgefährdung das Jugendamt auch ohne Zustimmung der Eltern informieren kann (und muss), falls die Gefährdung nicht anders abgewendet werden kann (§ 8a Abs. 4 SGB VIII). Auch hierüber sollten die Eltern nach Möglichkeit vorab in Kenntnis gesetzt werden, es sei denn, dies würde das Kind zusätzlich gefährden.

Rechtliche Rahmenbedingungen – Zusammenfassung

- Sowohl nach internationalem Recht (UN-Kinderrechtskonvention, EU-Grundrechtecharta) als auch nach nationalem Recht (Grundgesetz, Bürgerliches Gesetzbuch, Kinder- und Jugendhilfegesetz) haben Kinder ein Recht auf Schutz vor Gefahren für ihr Wohl.
- Zwar kennt das Grundgesetz bislang keine expliziten Kinderrechte; gemäß ständiger Rechtsprechung des Bundesverfassungsgerichts sind Kinder jedoch Träger eigener Grundrechte. Das Elternrecht darf als treuhänderisches Recht ausschließlich zum Wohl des Kindes ausgeübt werden. Üben die Eltern ihr Recht missbräuchlich aus, kommt der staatlichen Gemeinschaft gemäß Art. 6 Abs. 2 GG ein Wächteramt zu.
- Gemäß § 1631 Abs. 2 BGB haben Kinder ein Recht auf gewaltfreie Erziehung.
- Dem Recht von Kindern auf Schutz vor Gewalt entspricht eine Schutzpflicht der in der Kinder- und Jugendhilfe tätigen Dienste und Einrichtungen. Dazu gehören auch Kindertageseinrichtungen.
- Nach dem Bundeskinderschutzgesetz gehören zu einem aktiven Kinderschutz sowohl vorbeugende als auch bei Bedarf intervenierende Maßnahmen.
- Der Schutzauftrag bei Kindeswohlgefährdung ist in § 8a SGB VIII näher ausgeführt. Von Kindertageseinrichtungen wird gefordert, gewichtige Anzeichen für eine Kindeswohlgefährdung zu erkennen und eine Gefährdungseinschätzung vorzunehmen, dabei eine insoweit erfahrene Fachkraft hinzuzuziehen, bei den Eltern auf die Inanspruchnahme von Hilfen hinzuwirken und in den Fällen (und nur dann), in denen die Gefährdung nicht anders abgewendet werden kann, das Jugendamt zu informieren.
- Eine allgemeine Melde- oder Anzeigepflicht bei Kindeswohlgefährdung besteht nicht.
- Im Konfliktfall hat der Kinderschutz Vorrang vor dem Datenschutz.

III. Kindeswohl – was ist das eigentlich?

„Kindeswohl" ist ein sogenannter unbestimmter Rechtsbegriff, der nirgendwo definiert ist und daher der Interpretation im Einzelfall bedarf. Dennoch können wesentliche Elemente einer universell gültigen, sozialwissenschaftlich orientierten Bestimmung des Begriffs, die sich auf die grundlegenden Rechte und Bedürfnisse von Kindern stützt, benannt werden.

Ein unbestimmter Rechtsbegriff

Aus rechtlicher Perspektive ist das Kindeswohl die zentrale Norm und der wichtigste Bezugspunkt im Bereich des Kindschafts- und Familienrechts. Gemäß § 1627 BGB sind die Eltern gehalten, die elterliche Sorge „zum Wohl des Kindes auszuüben“. In § 1697a BGB wird das Kindeswohl zum allgemeinen Prinzip familiengerichtlicher Entscheidungen erhoben. Dort heißt es: „Soweit nicht anderes bestimmt ist, trifft das Gericht (…) diejenige Entscheidung, die unter Berücksichtigung der tatsächlichen Gegebenheiten und Möglichkeiten sowie der berechtigten Interessen der Beteiligten dem Wohl des Kindes am besten entspricht.“

Andererseits – und darin zeigt sich ein unvermeidbares Dilemma – steht an keiner Stelle irgendeines Gesetzes, was unter dem Begriff Kindeswohl eigentlich zu verstehen ist. Juristisch handelt es sich hierbei um einen sogenannten unbestimmten Rechtsbegriff, der sich einer allgemeinen Definition entzieht und daher der Interpretation im Einzelfall bedarf. (Das Gesetz selbst konkretisiert im Rahmen des § 1666 BGB den unbestimmten Rechtsbegriff durch die verschiedenen Erscheinungsformen der Kindeswohlgefährdung.) Um eine solche, auf den Einzelfall bezogene Auslegung vornehmen zu können, sind JuristInnen regelmäßig auf außerjuristische Erkenntnisse, insbesondere aus den Medizin- und Sozialwissenschaften, angewiesen.

Kein Gesetz sagt aus, was genau unter Kindeswohl zu verstehen ist.

Hier jedoch – in den Humanwissenschaften – treten ähnliche Schwierigkeiten der Definition auf. Zwar behaupten Fachleute nicht selten, im Einzelfall zu wissen, was das Beste für ein Kind sei. Vor die Aufgabe gestellt, allgemeine Voraussetzungen des Kindeswohls anzugeben, müssen aber auch sie zumeist kapitulieren. Bestenfalls wird der Versuch unternommen, durch die Angabe negativer Bedingungen, unter denen das Kindeswohl auf keinen Fall gesichert ist, einen Ausweg aus der Misere zu finden.

Welche Konsequenzen sind hieraus zu ziehen? Sollte das Bemühen um eine Definition des Begriffs „Kindeswohl“ aufgegeben werden? Sollte zugelassen werden, dass sich jede Profession, jede Interessengruppe, letztlich jeder Einzelne eine eigene Definition zurechtlegt? Löst sich der Begriff des Kindeswohls auf in den unterschiedlichen Perspektiven der jeweils Beteiligten?

Eine starke Relativierung oder gar Aufgabe des Kindeswohl-Begriffs ist weder zu rechtfertigen noch zu verantworten. Sie wäre mit fatalen Folgen, besonders für die Kinder selbst, verbunden. Demgegenüber soll im Folgenden der Versuch unternommen werden, wesentliche Elemente einer allgemeinen, universell gültigen Bestimmung des Begriffs „Kindeswohl“ aufzuzeigen, eine sozialwissenschaftliche Arbeitsdefinition zu entwickeln sowie Verfahrensschritte zu benennen, deren Einhaltung eine bestmögliche Sicherung des Kindeswohls ermöglicht.

Kindeswohl – Versuch einer Definition

Der Kindeswohl-Begriff ist der Schlüsselbegriff im Spannungsfeld von Elternrecht und staatlichem Wächteramt sowie das zentrale Instrument zur Auslegung von Kindesinteressen. Eine nähere begriffliche Bestimmung muss daher so präzise und trennscharf wie möglich und zugleich ausreichend flexibel sein, um der Kontextgebundenheit und Komplexität jedes Einzelfalls zu genügen.

Der Begriff Kindeswohl

Ein am Wohl des Kindes ausgerichtetes Handeln ist dasjenige, welches die an den Grundrechten und Grundbedürfnissen von Kindern orientierte, für das Kind jeweils günstigste Handlungsalternative wählt.

Die folgenden vier Elemente sollten Bestandteil einer Definition (s. Kasten) sein:

- Orientierung an den Grundrechten aller Kinder als normative Bezugspunkte für das, was jedem Kind zusteht, auch wenn unvermeidbar ist, dass die in den Kinderrechten enthaltenen Versprechen immer nur annäherungsweise eingelöst werden (können);
- Orientierung an den Grundbedürfnissen von Kindern als Beschreibungen dessen, was für eine normale kindliche Entwicklung im Sinne anerkannter Standards unabdingbar ist;
- Gebot der Abwägung als Ausdruck der Erkenntnis, dass Kinder betreffende Entscheidungen prinzipiell mit Risiken behaftet sind und daher versucht werden muss, die für das Kind jeweils günstigste Handlungsalternative zu wählen;

- Prozessorientierung als Hinweis auf die Tatsache, dass Kinder betreffende Entscheidungen aufgrund ihrer starken Kontextabhängigkeit einer laufenden Überprüfung und gegebenenfalls Revision bedürfen.

Grundbedürfnisse von Kindern

Für die Bestimmung des Kindeswohls ist neben dem normativen Bezug auf die grundlegenden Rechte von Kindern (vgl. Kapitel II) eine Orientierung an den grundlegenden kindlichen Bedürfnissen (basic needs) notwendig.
Der US-amerikanische Psychologe Abraham H. Maslow entwickelte 1958 das Modell einer Bedürfnishierarchie, das zumeist in Form einer Bedürfnispyramide bekannt wurde. Das Modell unterscheidet fünf Stufen, darunter (von unten nach oben) (1) die körperlichen Grundbedürfnisse wie Atmung, Wärme, Nahrung, Schlaf und Sexualität, (2) das Bedürfnis nach ausreichender Sicherheit (u. a. körperliche Unversehrtheit, Gesundheit, ethische bzw. religiöse Orientierungen, Gesetze und Riten sowie Lebensplanung), (3) das Bedürfnis nach sozialen Beziehungen (u. a. im Rahmen von Familie, Partnerschaft, Freundeskreis, Nachbarschaft und gesellschaftlichen Kontakten), (4) das Bedürfnis nach sozialer Anerkennung (u. a. durch Status, Wohlstand, Geld, Macht, Auszeichnungen) sowie (5) das Bedürfnis nach Selbstverwirklichung (u. a. durch individuelle Talententfaltung, Altruismus, künstlerische Betätigung oder Welterklärung). Maslow zufolge versucht der Mensch zunächst, die Bedürfnisse der unteren Stufen zu befriedigen, bevor die nächsten Stufen für ihn Bedeutung erlangen. Eine solche hierarchisierte Auflistung der Bedürfnisse ist allerdings unter kinderrechtlichen Gesichtspunkten kritisch zu sehen, weil dadurch nahegelegt wird, dass bestimmte Bedürfnisse weniger wichtig seien als andere.
Ein weiterer Versuch einer Konkretisierung spezifisch kindlicher Bedürfnisse ist in der Kindeswohl-Trilogie des interdisziplinären Autoren-Trios Joseph Goldstein, Anna Freud und Albert Solnit (1974, 1982, 1988) zu finden. Zu den grundlegenden Bedürfnissen rechnen sie Nahrung, Schutz und Pflege, intellektuelle Anregungen und Hilfe beim Verstehen der Innen- und Außenwelt. Außerdem brauche das Kind Menschen, die seine positiven Gefühle empfangen und erwidern und sich seine negativen Äußerungen und Hassregungen gefallen lassen. Sein Selbstgefühl und seine Selbstsicherheit im späteren Leben seien abhängig von seiner Stellung innerhalb der Familie, d. h. von dem Gefühl, geschätzt, anerkannt und als vollwertiges Familienmitglied betrachtet zu werden.
Von dem Kinder- und Jugendpsychiater Jörg Fegert stammt das Konzept, die in der UN-Kinderrechtskonvention formulierten Normen in sechs große Bedürfnisbereiche zu übersetzen und die negativen Folgen bei deren Nichtbeachtung zu beschreiben. Hierzu gehören:

- Liebe, Akzeptanz und Zuwendung: Der Mangel an emotionaler Zuwendung kann zu schweren körperlichen und psychischen Deprivationsfolgen führen;
- stabile Bindungen: Bindungsstörungen zeigen sich bei kleinen Kindern zunächst in Auffälligkeiten der Nähe-Distanz-Regulierung und können später zu massiven Bindungsstörungen führen;
- Ernährung und Versorgung: Als Folgen einer Mangel- oder Fehlernährung treten Hunger, Gedeihstörungen und langfristig körperliche sowie kognitive Entwicklungsbeeinträchtigungen auf;
- Gesundheit: Mängel im Bereich der Gesundheitsfürsorge führen zu vermeidbaren Erkrankungen mit unnötig schwerem Verlauf (z. B. infolge von Impfmängeln);
- Schutz vor Gefahren von materieller und sexueller Ausbeutung: Psychisch können diese Belastungen zu Anpassungs- bzw. posttraumatischen Störungen führen, die durch eine Fülle von Symptomen gekennzeichnet sind;
- Wissen, Bildung und Vermittlung hinreichender Erfahrung: Mängel in diesen Bereichen führen zu Entwicklungsrückständen bis hin zu Pseudodebilität (Fegert 1999, S. 326).

Die sieben Grundbedürfnisse von Kindern

Ein weiterer Vorschlag, einen Katalog von kindlichen Grundbedürfnissen zu definieren, stammt von dem amerikanischen Kinderarzt T. Berry Brazelton und dem Kinderpsychiater Stanley I. Greenspan (2002). In ihrem Buch „Die sieben Grundbedürfnisse von Kindern“ kommen sie zu folgender Auflistung (Erläuterungen von Resch & Lehmkuhl 2008):

1. Das Bedürfnis nach beständigen liebevollen Beziehungen: Jedes Kind braucht mindestens eine erwachsene Person, zu der es gehört und die das Kind so annimmt, wie es ist. Sichere und einfühlsame Beziehungen ermöglichen es dem Kind, seine Gefühle in Worte zu fassen und eigenständige Beziehungen zu Gleichaltrigen und Erwachsenen aufzunehmen. Zudem bilden sie die Grundlage nicht nur der meisten intellektuellen Fähigkeiten des Kindes, sondern auch für Kreativität und die Fähigkeit zu abstraktem Denken. Auch das moralische Empfinden für das, was richtig und was falsch ist, bildet sich vor dem Hintergrund früher emotionaler Erfahrungen heraus.

2. Das Bedürfnis nach körperlicher Unversehrtheit und Sicherheit: Von Geburt an brauchen Kinder eine gesunde Ernährung und angemessene Gesundheitsfürsorge. Dazu gehören ausreichend Ruhe, aber auch Bewegung, medizinische Vorsorge und die fachgerechte Behandlung auftretender Krankheiten. Gewalt in jeder Form ist als Erziehungsmittel tabu.

3. Das Bedürfnis nach individuellen Erfahrungen: Jedes Kind ist einzigartig und will mit seinen Eigenarten – seinen körperlichen Merkmalen, seinen Temperamentseigenschaften, seinen individuellen Gefühlen – akzeptiert und wertgeschätzt werden. Je besser es gelingt, den Kindern diejenigen Erfahrungen zu bieten, die ihren besonderen Eigenschaften entgegenkommen, desto größer ist die Chance, dass sie zu körperlich, seelisch und geistig gesunden Menschen heranwachsen.

4. Das Bedürfnis nach entwicklungsgerechten Erfahrungen: Kinder müssen im Laufe ihrer Entwicklung unterschiedliche Entwicklungsphasen und -aufgaben bewältigen. In jeder Phase sind altersgerechte Erfahrungen notwendig. Kinder meistern Entwicklungsaufgaben in sehr unterschiedlichem Tempo. Um zu einem gesunden Selbstwertgefühl zu finden, sollten sie weder angetrieben noch durch übermäßige Behütung gehemmt werden. Wenn Kinder zu früh in erwachsene Verantwortlichkeiten gedrängt werden (z. B. durch die Versorgung jüngerer Geschwister), können sie nachhaltig Schaden nehmen. Aber auch wenn wohlmeinende Erwachsene Kindern grundsätzlich alle Stolpersteine aus dem Weg räumen, führt dies auf Dauer zu Demütigung und Selbstunterschätzung aufseiten der Kinder.

Liebevolle Zuwendung – ein Grundbedürfnis von Kindern

5. Das Bedürfnis nach Grenzen und Strukturen: Damit Kinder Freiräume erobern und sich gefahrlos entwickeln können, brauchen sie sinnvolle Begrenzungen und Regeln. Wohlwollende erzieherische Grenzsetzung fordert die Kinder auf liebevolle Weise und fördert bei ihnen die Entwicklung innerer Strukturen. Grenzen müssen auf Zuwendung und Fürsorge, nicht auf Angst und Strafe aufbauen. Die liebevolle Grenzsetzung bietet nach außen hin Schutz und Geborgenheit, das Kind erlebt Halt und Sicherheit. Der durch Grenzen abgesteckte Erfahrungsraum wird überschaubar, bietet Anregung und ermöglicht auf Neugier basierende gefahrlose Exploration. Die Grenze bietet aber auch Hindernis und Widerstand und kann zur Herausforderung werden. Mit den Bezugspersonen wird um die Grenzen gerungen, Argumentieren und Durchsetzen werden geübt.

6. Das Bedürfnis nach stabilen und unterstützenden Gemeinschaften: Mit zunehmendem Alter gewinnt die Gruppe der Gleichaltrigen immer mehr an Bedeutung für Persönlichkeitsentwicklung und Selbstwertgefühl der Kinder und Jugendlichen. Die Entwicklung von Freundschaften ist eine wichtige Basis für das soziale Lernen. Die Erwachsenen müssen dafür sorgen, dass Kinder unter angemessenen Rahmenbedingungen einander begegnen, miteinander spielen, lernen und arbeiten können. Das fördert das Gefühl für Zusammengehörigkeit, Gerechtigkeit und Solidarität.

7. Das Bedürfnis nach einer sicheren Zukunft für die Menschheit: Dieses Bedürfnis betrifft die Zukunftssicherung. Immer mehr hängt das Wohl jedes einzelnen Kindes mit dem Wohl aller Kinder dieser Welt zusammen. Die Erwachsenen gestalten die Rahmenbedingungen für die nächste Generation. Weltweite Politik, Wirtschaft, Kultur und Gesellschaft tragen hier eine bisher nicht eingelöste Verantwortung. Ob Kinder und Jugendliche diese Welt als gestaltbares Ordnungsgefüge oder unheimliches Chaos erleben, hängt von der Entwicklung ihrer individuellen Persönlichkeit ab – auf die wiederum die Eltern und alle anderen Erwachsenen mit ihren je eigenen Persönlichkeiten Einfluss nehmen.

Kindeswohl und Kindeswille

Ein an den Grundrechten des Kindes orientiertes Verständnis des Kindeswohls schließt die Berücksichtigung des Kindeswillens ein. Bezugspunkt dafür ist das in Art. 12 Abs. 1 der UN-Kinderrechtskonvention niedergelegte Recht des Kindes auf Beteiligung an allen seine Person betreffenden Entscheidungen. Entsprechende Regelungen in der deutschen Gesetzgebung sehen eine Beteiligung des Kindes an es selbst betreffenden Angelegenheiten im Rahmen der Familie (§ 1626 Abs. 2 BGB), an Entscheidungen der öffentlichen Jugendhilfe (§ 8 Abs. 1 SGB VIII) bzw. im Rahmen von Hilfeplanung (§ 36 Abs. 1 SGB VIII) vor. In Verfahren, die die elterliche Sorge betreffen, erfolgt die Beteiligung des Kindes durch persönliche Anhörung und/oder durch die Bestellung eines Verfahrensbeistandes in den dafür vorgesehenen Fällen. Das Recht des Kindes auf Beteiligung nach Art. 12 Abs. 1 der UN-Kinderrechtskonvention ist nicht an eine Altersgrenze gebunden und gilt für alle Kinder. Besondere Herausforderungen ergeben sich im Falle junger, der Sprache noch nicht mächtiger Kinder sowie bei Kindern mit besonderen Bedürfnissen, zum Beispiel aufgrund von Krankheit, Behinderung, Migrations- oder Gewalterfahrung. Hier sind besondere (u. a. empathische) Fähigkeiten der verantwortlichen Erwachsenen notwendig, um auch diese Kinder angemessen an den sie betreffenden Entscheidungen zu beteiligen.

Die Berücksichtigung des Kindeswillens als bedeutsamer Teilaspekt des Kindeswohls bedeutet nicht, dass die Entscheidung durch den kindlichen Willen (allein) bestimmt wird. Nicht eine das Kind in zahlreichen Fällen überfordernde Selbstbestimmung ist Ziel seiner Beteiligung. Vielmehr soll sichergestellt werden, dass die Sichtweise des Kindes in Entscheidungsprozessen angemessen berücksichtigt wird. Die Verpflichtung der verantwortlichen Erwachsenen (insbesondere der Eltern), das Kind bei der Ausübung seiner anerkannten Rechte zu leiten, bleibt davon unberührt.

Auch im gerichtlichen Zusammenhang hat sich der kindliche Wille im Konfliktfall dem Kindeswohl unterzuordnen. „Der Kindeswille als Ausdruck des ‚subjektiven Kindesinteresses' bleibt Gesichtspunkt im Rahmen des übergeordneten Entscheidungsmaßstabs Kindeswohl, d. h. des ‚wohlverstandenen Kindesinteresses'. Demgemäß muss die Verträglichkeit der vom Kind gewünschten Lösung mit seinem ‚Wohl' geprüft werden. Der Kindeswille bindet das Gericht nicht. Die ‚wohlverstandenen Kindesinteressen' können es rechtfertigen, auch von einem grundsätzlich nachvollziehbaren Kindeswillen abzuweichen" (von Staudinger & Coester 2000, § 1671, Rz. 234).

Kindeswohl und Elternrecht

Viele Erwachsene – auch Eltern und pädagogische Fachkräfte – äußern Vorbehalte gegenüber einem Vorrang des Kindeswohls und der Anerkennung kindlicher Rechte. Häufig wird damit die Vorstellung verbunden, Kindern sei es nunmehr erlaubt, den Erwachsenen auf dem Kopf herumzutanzen. „Die meisten Kinder dürfen doch heute bereits viel zu viel, und nun sollen sie auch noch Rechte bekommen!" So und ähnlich lauten die besorgten Kommentare.

Kindeswohl und Kindeswille müssen nicht identisch sein.

Bei näherem Hinsehen allerdings stellt sich diese Auffassung als ein Missverständnis heraus. Zwar ist die Anerkennung des Kindes als Träger eigener Rechte Ausdruck für einen tief greifenden Wandel im Verhältnis der Erwachsenen zu den Kindern. Hier zeigt sich der Übergang zu einem neuen Generationenverhältnis. An die Stelle der Unterordnung des Kindes unter den Willen und die Macht der Eltern tritt eine Beziehung auf der Basis gleicher Grundrechte, in der die Würde und die Rechte des Kindes neben denen der Erwachsenen einen selbstverständlichen Platz einnehmen. Andererseits jedoch hat dieser Perspektivenwechsel nicht zur Folge, tatsächlich bestehende Unterschiede zwischen Erwachsenen und Kindern einfach einzuebnen: Kinder sind keine kleinen Erwachsenen. Aufgrund ihres Alters, aufgrund ihrer sich noch entwickelnden körperlichen und geistigen Fähigkeiten brauchen Kinder ein Recht auf Kindheit, auf einen Schon- und Spielraum, in dem Verantwortlichkeit wachsen und eingeübt werden kann. Als „Seiende" sind sie einerseits Menschen wie alle anderen auch. Als „Werdende" sind sie andererseits Menschen in einer besonderen Entwicklungsphase. In dieser Spannung zwischen Gleichheit auf der einen und Differenz auf der anderen Seite liegt das besondere Verhältnis zwischen Erwachsenen und Kindern. Das Elternrecht ist daher ausschließlich als pflichtgebundenes, treuhänderisches Recht zu verstehen, das seine Grenze am Wohl des Kindes findet.

Das Elternrecht ist ein treuhänderisches Recht.

Das im Grundgesetz Art. 6 Abs. 2 verbürgte Elternrecht ist das einzige Grundrecht, das als fremdnütziges Recht ausschließlich zugunsten eines Dritten, nämlich des Kindes, ausgeübt werden darf. Elternrecht heißt daher vor allem Elternverantwortung. Diese Verantwortung beinhaltet das Recht und die Pflicht der Eltern, „das Kind bei der Ausübung (seiner) anerkannten Rechte in einer seiner Entwicklung entsprechenden Weise angemessen zu leiten und zu führen" (Art. 5 der UN-Kinderrechtskonvention). Eine Orientierung an den Kinderrechten stärkt insofern die Elternverantwortung und bindet diese zugleich an eine verlässliche Werteordnung. Aus der Subjektstellung des Kindes folgt daher weder, dass sich die Erwachsenen zulasten der Kinder vor der sie treffenden Verantwortung drücken können, noch, dass jeder Wunsch des Kindes Befehl ist. Vielmehr macht es gerade das Entscheidende des Verhältnisses zwischen Erwachsenen und Kindern aus, dass sich im zwischenmenschlich fairen Austausch herausfiltern lässt, welche Interessen Geltung verdienen und welchen Anteil an Verantwortung jeder zu tragen hat.

Abwägungsgebot bei Kindeswohlentscheidungen

Das Gebot der vorrangigen Berücksichtigung des Kindeswohls bei allen Kinder betreffenden Entscheidungen gemäß Art. 3 Abs. 1 der UN-Kinderrechtskonvention ist in erster Linie als Verfahrensrecht zu verstehen. Das bedeutet, dass in sämtlichen Bereichen, in denen Entscheidungen mit Bezug auf Kinder getroffen werden – unabhängig davon, ob dies z. B. die Kinder- und Jugendhilfe, den Bildungs- oder Gesundheitsbereich, das Baurecht, die Verkehrsplanung oder das Ausländer- und Asylrecht betrifft –, die Entscheidungsverfahren so gestaltet sein müssen, dass das Kindeswohl als ein vorrangiger Gesichtspunkt berücksichtigt wird. Ein solches, den Interessen von Kindern gerecht werdendes Verfahren erfordert zwei Verfahrensschritte:

- In einem ersten Verfahrensschritt muss erwogen werden, welche positiven und negativen Implikationen eine anstehende Entscheidung für ein Kind bzw. für eine Gruppe von Kindern hat. Bei einer solchen Beurteilung sind unabhängige ExpertInnen ebenso einzubeziehen wie die betroffenen Kinder selbst bzw. deren VertreterInnen.
- In einem zweiten Verfahrensschritt müssen die auf das Kindeswohl bezogenen Erwägungen vorrangig berücksichtigt werden. Das bedeutet nicht, dass diese Erwägungen in jedem Fall absoluten Vorrang haben müssen, da im Einzelfall auch andere Interessen (trotz des mit Vorrang zu berücksichtigenden Kindeswohls) im Ergebnis höher zu bewerten sein können.

Jede mangelnde Beachtung eines dieser beiden Schritte kommt einer Verletzung des Vorrangprinzips gleich, stellt einen Verfahrensfehler dar und hat zur Folge, dass das Verfahren anfechtbar ist.

Der Begriff Gefährdung

Gemäß einer Entscheidung des Bundesgerichtshofs wird der Begriff der Gefährdung definiert als „eine gegenwärtige, in einem solchen Maße vorhandene Gefahr, dass sich bei der weiteren Entwicklung eine erhebliche Schädigung mit ziemlicher Sicherheit voraussehen lässt" (BGH FamRZ 1956, 350).

Den Fachleuten aus Medizin, Psychologie, Pädagogik usw. bleibt überlassen, die in dieser Definition enthaltenen unbestimmten Rechtsbegriffe („erhebliche Schädigung", „ziemliche Sicherheit") für die Praxis handhabbar zu machen. Während manche Formen der Gefährdung (wie z. B. eine unzureichende Gesundheitsversorgung) unschwer zu erkennen sind, geht es in anderen Fällen (z. B. wenn ein Kind unter dem Streit der Eltern leidet) um schwierige Einzelfallabwägungen, die nicht frei sein können von subjektiven Urteilen und gesellschaftlichen Wertsetzungen.

IV. Formen von Kindeswohlgefährdung

Das folgende Kapitel beschreibt die häufigsten Formen von Gefährdungen bzw. Misshandlungen und zeigt anhand von Fallbeispielen das professionelle Vorgehen der Kita bei gewichtigen Anhaltspunkten für eine Kindeswohlgefährdung. Auf diese Weise werden die Forderungen des Schutzauftrags bei Kindeswohlgefährdung für die Praxis handhabbar gemacht.

Komplexe Mischformen

Gewalt gegen Kinder besteht nur selten in einer einmaligen Handlung, auch wenn schon ein einzelner Vorgang (z.B. das Schütteln eines Säuglings) erhebliche Verletzungen nach sich ziehen kann. Typischerweise ist Kindesmisshandlung ein aus mehreren Elementen zusammengesetztes Syndrom negativer Einwirkungen (Handlungen und Unterlassungen) auf ein Kind. Auch wenn es für eine diagnostische Einordnung sinnvoll ist, verschiedene Formen der Gefährdung bzw. Misshandlung zu unterscheiden, kommen diese in der Praxis selten isoliert vor. Besonders in schweren Fällen sind häufig komplexe Mischformen zu beobachten, die sich gegenseitig überlappen und verstärken. So hat körperliche Gewalt immer auch in seelischer Hinsicht schädigende Folgen für das Kind. Vernachlässigung und sexueller Missbrauch sind sowohl mit körperlichen als auch mit psychischen und psychosomatischen Konsequenzen verbunden. Gerade die Verschränkung der verschiedenen Aspekte macht ihre schädigende Wirkung aus.

Wichtigste Regel: Niemals allein und überstürzt handeln!

Körperliche Misshandlung

Körperliche Misshandlung umfasst alle Handlungen – vom einzelnen Schlag mit der Hand über Prügeln, Festhalten und Würgen bis hin zum gewaltsamen Angriff mit Riemen, Stöcken oder anderen Gegenständen –, die zu einer nicht-zufälligen körperlichen Verletzung eines Kindes führen, wobei es vor allem zu Blutergüssen, Prellungen, Schädel- und Knochenbrüchen, aber auch zu inneren Verletzungen und zu Verbrennungen, Verbrühungen oder Vergiftungen kommt.

Fallbeispiel:
„Marco böse gewesen"

Obwohl Marco erst zweieinhalb Jahre alt ist, gehört er schon zu den „auffälligen" Jungen. Wenn er sich unbeobachtet fühlt, zwickt er manchmal andere Kinder oder nimmt ihnen Spielzeug weg. Seine Erzieherin führt dies auf eine gewisse Anspannung zurück, die sie bei Marcos Vater beobachtet hat. In Gesprächen mit ihm hat sie erfahren, dass vor etwa einem Jahr Marcos Mutter die Familie verlassen hat und seitdem am anderen Ende der Stadt wohnt. Voller Stolz hatte der Vater erklärt, dass er seinen Sohn sehr liebe und ihn auch allein großziehen könne. Seine Entscheidung, mit Marco zu leben, brachte ihm bei vielen Eltern Respekt ein.
Nach dem verlängerten Pfingstwochenende ist Marco in der Kita ungewöhnlich ruhig. Beim Gang der Kinder auf die Toilette entdeckt die Erzieherin auf Marcos Po blau unterlegte Flecken. Obwohl sie ihrer Wahrnehmung zunächst nicht glauben will, ist sie doch sicher, dass die Flecken in ihrer Anordnung einem Handabdruck ähneln. Intuitiv nimmt sie Marco in den Arm: „Was ist dir denn passiert?", fragt sie ihn und schaut ihm dabei in die Augen. Marco senkt den Kopf und antwortet: „Marco böse gewesen."

Informationen zusammentragen

Ein Kind zu trösten und ihm Schutz zu bieten, wenn es Zeichen einer Misshandlung aufweist, ist eine natürliche und nahe liegende Reaktion. Neben Mitleid und dem Wunsch, dem Kind zu helfen, treten meist weitere Empfindungen hinzu. Zorn und Wut über das Geschehene, aber auch Angst und Hilflosigkeit bis hin zu dem Gefühl von Ohnmacht. Schließlich die drängende Frage nach dem Schuldigen, verbunden mit Vorwürfen: „Wer hat dem Kind das angetan? Hier kommt doch nur Marcos Vater in Frage!"
Da in einer solchen Situation durch blinden Aktionismus weiterer Schaden zugefügt werden kann, und jede Intervention mit gravierenden Folgen für Kind und Eltern verbunden ist, sind ruhige Überlegung und kollegialer Austausch unbedingt notwendig. Eine Grundregel für den Umgang mit Kindesmisshandlung lautet daher: Niemals allein und überstürzt handeln!
Im Fall von Marco sollte die Erzieherin schnell – das heißt, möglichst noch am selben Tag – das Gespräch mit der Leiterin und den Kolleginnen suchen. In diesem Gespräch sollten die Beobachtungen von mehreren Seiten zusammengetragen werden. Es kann eine erste Einschätzung der Situation erfolgen. Im Fallbeispiel könnte das kollegiale Gespräch z.B. ergeben, dass zum ersten Mal seitens der Kita Zeichen von körperlicher Misshandlung bei Marco festgestellt wurden.
Sämtliche Beobachtungen sollten schriftlich dokumentiert und mit Ort, Zeit und Namen der Beobachtenden gekennzeichnet werden.

Eine insoweit erfahrene Fachkraft hinzuziehen

Es ist glücklicherweise nicht alltäglich, dass ein Kind mit blauen Flecken oder anderen Spuren körperlicher Gewalt in die Kita kommt.

Insofern kann auch nicht erwartet werden, dass pädagogische Fachkräfte mit solchen Situationen in jedem Fall professionell umgehen können. Der Gesetzgeber hat daher in § 8a Abs. 4 SGB VIII Kindertageseinrichtungen – ebenso wie andere Einrichtungen und Dienste der Kinder- und Jugendhilfe – verpflichtet, im Falle der Feststellung gewichtiger Anhaltspunkte für eine Kindeswohlgefährdung eine „insoweit erfahrene Fachkraft" beratend hinzuzuziehen. Diese Fachkraft kann vom Träger der Einrichtung gestellt werden oder von außerhalb kommen. Sie ist ausschließlich beratend tätig und unterstützt die Leitung und das Team bei der Abschätzung des Gefährdungsrisikos für das Kind und bei der Planung des weiteren Vorgehens.

Die Risiken für das Kind einschätzen

Bei der Risikoeinschätzung spielen Art und Umfang der Schädigung eine große Rolle. Im Fall einer körperlichen Misshandlung gehören hierzu Schwere und Charakter der Verletzung sowie die sich daraus ergebenden Folgen für das Kind. Weiterhin muss vor dem Hintergrund der Familiensituation die Wahrscheinlichkeit erneuter Misshandlungen (Wiederholungsgefahr) beurteilt werden. Schließlich ist die Frage zu beantworten, inwieweit die Eltern vermutlich bereit und in der Lage sein werden, geeignete Hilfen zu akzeptieren. Bei der Klärung dieser Fragen können sich das Erfahrungswissen der pädagogischen Fachkräfte und die Professionalität der insoweit erfahrenen Fachkraft auf gute Weise ergänzen. Sämtliche Ergebnisse der Risikoeinschätzung sollten sorgfältig dokumentiert werden, sodass die Vorgehensweise später nachvollziehbar bleibt.

Im Fallbeispiel wurden in der Kita erstmals Zeichen einer Misshandlung bei Marco festgestellt. Es kann daher davon ausgegangen werden, dass er nicht regelmäßig körperlicher Gewalt ausgesetzt ist. Zu vermuten ist, dass eine Überforderungssituation am Wochenende zu dem Übergriff geführt hat – wahrscheinlich (aber nicht sicher) vonseiten des Vaters. Möglicherweise spielen weitere Faktoren wie die vorangegangene Trennung der Eltern oder Belastungen im Leben des Vaters eine Rolle. Sofern sich an den ursächlichen Bedingungen nichts ändert, ist damit zu rechnen, dass Überforderungssituationen wie die am Pfingstwochenende erneut auftreten werden. Die Bereitschaft des Vaters zum Gespräch über die Situation kann aufgrund des bisherigen guten Kontakts zur Kita positiv eingeschätzt werden. Es ist daher anzunehmen, dass Hilfen möglich sind und vom Vater akzeptiert werden können.

Eltern für Hilfen motivieren

In vielen Fällen können Eltern erfolgreich für Hilfen motiviert werden. Die Kita ist als niederschwellige, den Eltern vertraute Einrichtung hierfür besonders gut geeignet. Ihr kommt eine wichtige Lotsenfunktion zu, um Eltern den Zugang zu geeigneten Hilfsangeboten zu eröffnen. Neben der Anbahnung von Hilfen gehört es zu den Aufgaben der Kita, festzustellen, ob die von den Eltern angenommenen Hilfen ausreichend erscheinen, um eine weitere Gefährdung des Kindes zu vermeiden.

In Marcos Fall sollte der Vater zeitnah (nicht später als wenige Tage nach dem Vorfall) um ein Gespräch in der Kita gebeten werden. Das Gespräch sollte von der Leitung gemeinsam mit der für das Kind zuständigen Erzieherin geführt werden, in einem vor Störungen geschützten Raum der Einrichtung stattfinden und nicht länger als eine Stunde dauern. Marco sollte während der Zeit des Gesprächs in einer Gruppe der Kita betreut werden können. Die Leiterin sollte das Gespräch eröffnen und sich beim Vater für dessen Bereitschaft zur Teilnahme bedanken. Anschließend sollte sie ihm mitteilen, dass sich die Fachkräfte aufgrund eines Vorfalls Sorgen um Marcos Entwicklung machen, und dann die Erzieherin bitten, ihre Beobachtungen (blaue Flecken auf dem Po und Marcos Reaktion auf ihre Nachfrage) zu schildern. Daraufhin sollte der Vater gebeten werden, seine Sicht der Situation zu erläutern. Für die Gesprächsführung ist es wichtig, die Misshandlung nicht isoliert zu betrachten, sondern in den Kontext des Pfingstwochenendes und der Familiensituation insgesamt einzubetten, um sie dadurch besser nachvollziehbar zu machen, ohne sie allerdings zu entschuldigen. Am Ende der Schilderungen des Vaters sollte die Leiterin ihn bitten darzustellen, wie es zu den blauen Flecken bei seinem Sohn gekommen ist.

In vielen Fällen können Eltern erfolgreich für Hilfen motiviert werden.

Nun ist der Vater möglicherweise in der Lage, Verantwortung für sein „Ausrasten" am Wochenende zu übernehmen. Er könnte berichten,

wie sehr Marco ihn am Sonntag nach einer kurzen Nacht gereizt habe. Dass sein Sohn ihn schon um sechs Uhr weckte, um „spazieren zu gehen", und dass er wenig später am Kabel des Rasierapparats zog, worauf dieser herunterfiel und kaputtging. Und dass er selbst dann völlig außer sich geraten sei: „Ich habe mir nicht mehr zu helfen gewusst. Und dann habe ich ihm den Po versohlt."
Vielleicht beteuert der Vater, dass dies ein einmaliger Vorfall gewesen sei und ihm sein Verhalten leid tue. Dennoch sollte die Leiterin darauf hinweisen, dass solche zugespitzten Konflikte auch in Zukunft wieder zu erwarten sind und es daher darum gehen muss, an den Ursachen etwas zu verändern. Sie sollte dem Vater deutlich machen, dass er nach dem Kinder- und Jugendhilfegesetz einen Anspruch auf Hilfe hat und die Kita im Interesse Marcos Wert darauf legen muss, dass diese Hilfe auch gesucht wird. Welche Hilfe in diesem Fall geeignet und notwendig ist, kann eventuell in einem zweiten Gespräch, mit Zustimmung des Vaters auch unter Hinzuziehung einer Fachkraft (z. B. aus einer Erziehungsberatungsstelle oder dem Jugendamt), beurteilt werden.

Vernachlässigung

Kindesvernachlässigung ist die andauernde oder wiederholte Unterlassung fürsorglichen Handelns durch sorgeverantwortliche Personen (Eltern oder andere von ihnen autorisierte Betreuungspersonen), welches zur Sicherstellung der seelischen und körperlichen Versorgung des Kindes notwendig wäre. Diese Unterlassung kann bewusst oder unbewusst, aufgrund unzureichender Einsicht oder unzureichenden Wissens erfolgen. Die Vernachlässigung kann sich neben der mangelnden Befriedigung körperlicher Bedürfnisse (z. B. nach Nahrung, Bekleidung, Unterkunft, Sicherheit) auf den emotionalen Austausch, die allgemeine Anregung, die Sprache und/oder auf die Gesundheitsfürsorge und Beaufsichtigung des Kindes beziehen.

Fallbeispiel: „Mama hat wieder verschlafen"
Tanja ist fünf Jahre alt. Sie wird morgens zu sehr unterschiedlichen Zeiten in die Kita gebracht. Manchmal steht sie schon kurz vor acht Uhr an der Tür, an anderen Tagen kommt sie erst nach zehn. „Mama hat wieder verschlafen", erzählt sie dann in ihrer Gruppe. An den Nachmittagen wird sie fast immer als letztes Kind abgeholt. Mehrmals musste eine Erzieherin nach Dienstschluss mit ihr in der Kita auf die Mutter warten. Das Team macht sich schon seit längerer Zeit Sorgen um Tanja, weil sie für ihr Alter sehr schlecht spricht. Im letzten Entwicklungsgespräch wurde mit ihrer alleinerziehenden Mutter auch über ungesunde Ernährung und mangelnde Mundhygiene gesprochen. Aber wirklich geändert hat sich seitdem nichts. Beim Sommerfest fällt der Leiterin auf, dass Tanja ihrer Mutter Kaffee und Kuchen bringt. Nachdem die Mutter versorgt ist, flüchtet sie sich auf den Schoß ihrer Bezugserzieherin, kuschelt sich bei ihr ein und steckt den Daumen in den Mund. Die Leiterin nimmt sich daraufhin vor, bei der nächsten Teamsitzung unbedingt über Tanja zu sprechen.

Informationen zusammentragen
Die Vermutung, dass ein Kind vernachlässigt wird, beginnt oft mit einem unguten Gefühl: „Es kann doch kein Zufall sein, dass das Kind ständig müde ist, häufig schon am Morgen großen Hunger hat, meist ungewaschene Kleidung trägt und unangenehm riecht ..." Ob tatsächlich von Vernachlässigung gesprochen werden muss, kann am besten in einem Teamgespräch geklärt werden, in dem alle verfügbaren Informationen zusammengetragen werden. Folgende Fragen sollten beantwortet werden:

- Wie häufig tritt die unzureichende Versorgung auf?
- Stehen körperliche oder seelische Mangelerscheinungen (Deprivationen) im Vordergrund?
- Geht es lediglich um Unzulänglichkeiten in einem Bereich – was ein Kind eher verkraften kann – oder ist die gesamte Versorgung betroffen?

Vernachlässigung hat viele Gesichter

- Wie äußert sich das Kind selbst in der Situation?
- Erkennen die Eltern bestehende Mängel und worin sehen sie die Ursachen?

Im Fall von Tanja wird deutlich, dass die Mutter nur schlecht für einen geregelten Tagesablauf ihrer Tochter sorgen kann. Es gibt Anzeichen für ungesunde häusliche Ernährung und mangelnde Mundhygiene. Obwohl darauf angesprochen, konnte die Mutter bisher keine Veränderungen herbeiführen. Auch die Beobachtungen der Leiterin beim Sommerfest, bei dem Tanja für ihre Mutter die Versorgerrolle übernahm (Rollenumkehr) und sich anschließend intensive Zuwendung bei ihrer Bezugserzieherin holte, wobei sie ein regressives Verhalten zeigte (Daumennuckeln), geben Anlass zur Sorge. Alle Beobachtungen sollten schriftlich dokumentiert und über einen gewissen Zeitraum (z. B. einen Monat) hinweg systematisch ergänzt werden.

Die Risiken für das Kind einschätzen

Die Kindertageseinrichtung (Leiterin und zuständige Erzieherin bzw. Team) und eine insoweit erfahrene Fachkraft gemäß § 8a Abs. 4 SGB VIII (vgl. Abschnitt „Körperliche Misshandlung") nehmen gemeinsam eine Abschätzung des Gefährdungsrisikos für das Kind vor. Im Fall einer Vernachlässigung sind hierfür Ausmaß und Schweregrad der Mängel – bezogen auf die verschiedenen Versorgungsbereiche (u. a. Ernährung, Gesundheitsfürsorge und Hygiene, Beaufsichtigung, geregelter Tagesablauf, Ruhe und Erholung, seelische Zuwendung und Bindungsangebot, Anregung und Spiel) – und die erkennbaren Folgen für das Kind entscheidend. Wichtig ist auch der Verlauf der beunruhigenden Entwicklung, das heißt die Frage, wann die Mängel begonnen haben, ob sie vorübergehender Art oder chronisch sind usw. Auch die Frage, inwieweit die Eltern voraussichtlich bereit und in der Lage sind, geeignete Hilfen zu akzeptieren, muss erörtert werden. Sämtliche Ergebnisse der Risikoeinschätzung sind schriftlich festzuhalten.

Eltern für Hilfen motivieren

Bei Vernachlässigung ist häufig eine Kombination unterschiedlicher Hilfen sinnvoll. Hilfen, die sich auf das Kind beziehen (z. B. Förderung im sprachlichen, sozialen oder kognitiven Bereich), können ebenso notwendig sein wie Entlastung und Unterstützung der Eltern (z. B. durch zusätzliche Betreuung des Kindes oder sozialpädagogische Familienhilfe). In schweren Fällen kommen auch regelmäßige Kontrollen (z. B. Vorstellung des Kindes in kurzen Abständen beim Kinderarzt) oder eine Unterbringung des Kindes in einer Pflegefamilie oder Heimgruppe in Betracht. Auf die meisten Hilfen haben Eltern nach §§ 27 ff. SGB VIII Anspruch. Welche Hilfe im Einzelfall geeignet und notwendig ist, kann am besten in einem sogenannten Hilfeplangespräch mit dem Jugendamt geklärt werden. Es gehört zu den Aufgaben der Kindertageseinrichtung, die Eltern zu einem solchen Gespräch zu motivieren und im weiteren Verlauf zu beobachten, ob die vereinbarten Hilfen ausreichen, um die Gefährdung des Kindes zu beenden.

In Tanjas Fall sollte die Mutter nach einer Zeit systematischer Beobachtung des Kindes durch die pädagogischen Fachkräfte zu einem außerplanmäßigen Gespräch eingeladen werden. In diesem Gespräch, an dem Leiterin und Bezugserzieherin teilnehmen, sollte es um Tanjas Entwicklung gehen sowie um die Besorgnis, die in diesem Zusammenhang bei den Erzieherinnen entstanden ist.

Bei Vernachlässigung ist häufig eine Kombination unterschiedlicher Hilfen sinnvoll.

Ziel des Gesprächs, das von der Leiterin moderiert wird, ist, der Mutter die Sorge der Fachkräfte um Tanja zu vermitteln und mit ihr gemeinsam zu überlegen, auf welche Weise Veränderungen erzielt werden können.

Für den Verlauf des Gesprächs ist es günstig, wenn zunächst die Bezugserzieherin die Beobachtungen des Teams erläutert. Anschließend wird der Mutter Gelegenheit gegeben, ihre Sicht der Situation zu schildern. Zur Unterstützung kann die Leiterin das Gespräch entlang der verschiedenen Entwicklungsbereiche (körperlich, seelisch, sozial, kognitiv) strukturieren und gegebenenfalls nachfragen. Ausdrücklich sollten die aus Sicht der Mutter positiven Veränderungen, aber auch die problematischen Entwicklungen erfragt werden. In einem zweiten Teil des Gesprächs sollte zusammen mit der Mutter aufgelistet werden, in welchen Punkten sie selbst Veränderungen herbeiführen kann, wo die Kita Unterstützung anbietet und in welchen Bereichen zusätzliche Hilfen notwendig erscheinen. Auch offene, nicht einvernehmliche Punkte sollten festgehalten werden. Schließlich muss das weitere Vorgehen vereinbart werden. Hierzu gehören Absprachen darüber, in welchen zeitlichen Abständen Bilanz gezogen wird, auf welche Weise zusätzliche Hilfen in Anspruch genommen und wie die offen gebliebenen Fragen geklärt werden. Zu den beiden letzten Punkten kann zum Beispiel gehören, einen Termin in der Erziehungsberatungsstelle zu vereinbaren oder das Gespräch mit dem Jugendamt zu suchen. Da gerade vernachlässigende Eltern häufig ihr eigenes Handeln nicht ausreichend gut organisieren können, sollte bei Bedarf angeboten werden, bei der Kontaktaufnahme mit anderen Einrichtungen und/oder Diensten behilflich zu sein (z. B. mit Zustimmung der Mutter eine Mitarbeiterin oder einen Mitarbeiter des Jugendamts zum Gespräch in die Kita zu bitten). Die Ergebnisse sämtlicher Gespräche sind sorgfältig zu dokumentieren.

Im Teamgespräch werden alle Informationen zusammengetragen.

Seelische Misshandlung

Psychische Gewalt ist die wohl häufigste Form von Kindesmisshandlung. Zugleich ist sie nur schwer zu definieren. Sicher ist, dass jede körperliche Misshandlung oder Vernachlässigung auch die Seele des Kindes schädigt. Seelische Verletzungen spielen daher bei allen Formen der Gewalt gegen Kinder eine zentrale Rolle. Während körperliche Verletzungen in den meisten Fällen heilen, wirken seelische Wunden oft ein Leben lang nach.
Seelische Misshandlung bezeichnet grob ungeeignete und unzureichende, altersunangemessene Handlungen, Haltungen und Beziehungsformen von Sorgeberechtigten gegenüber Kindern. Dies kann sich in Form von Ablehnung, Überforderung, Herabsetzung und Geringschätzung, Ängstigung und Terrorisierung, Isolierung, Korrumpierung, Ausbeutung und Verweigerung von emotionaler Zuwendung und Unterstützung äußern. Dadurch wird das Bestreben eines Kindes, seine emotionalen, kognitiven und moralischen Entwicklungsbedürfnisse zu befriedigen, in einem Maße eingeschränkt und frustriert, dass seine gesamte Persönlichkeitsentwicklung beeinträchtigt und geschädigt wird. Seelische Misshandlung kann aktiv erfolgen wie im Fall verächtlicher Zurückweisung, oder passiv, wenn ein Kind zum Beispiel beständig ignoriert wird. Sie kann als akutes Geschehen auftreten (z. B. als Drohung gegenüber dem Kind) oder als chronisches Interaktionsmuster (z. B. emotionale Unnahbarkeit eines Elternteils). Seelische Misshandlung kann sich als leicht erkennbarer, extremer Verhaltensakt zeigen (z. B. als verbale Attacke) oder subtile Formen annehmen (z. B. wenn die Zuneigung eines Kindes zum anderen, getrennt lebenden Elternteil missbilligt wird). In allen Fällen psychischer Gewalt geht es um ein wiederholtes oder dauerhaftes Verhaltensmuster, durch das dem Kind zu verstehen gegeben wird, es sei wertlos, ungewollt oder ungeliebt, mit schweren Fehlern behaftet oder nur dazu da, die Bedürfnisse eines anderen Menschen zu erfüllen.

Eine besondere Form seelischer Gewalt besteht darin, das Kind in unlösbare Loyalitätskonflikte zu drängen oder mit ihm eine sogenannte Doppelbindung (double bind) einzugehen. Loyalitätskonflikte können z. B. im Zusammenhang mit einer Trennung oder Scheidung der Eltern entstehen (vgl. auch Abschnitt „Hoch konflikthafte Trennung der Eltern“). Im Fall einer Doppelbindung bezieht sich der Loyalitätskonflikt auf ein und dieselbe Person, die an das Kind widersprüchliche Erwartungen heranträgt und es so in eine nicht lösbare Konfliktsituation bringt. Ein Beispiel dafür ist, wenn ein Elternteil auf Distanz zum Kind geht und zugleich seine Nähe einfordert („Komm her – geh weg“).

Fallbeispiel: „Dann bring ihn doch ins Heim!“
Oliver ist vor Kurzem sechs geworden und die Erzieherinnen fragen sich, wie er wohl den bevorstehenden Übergang in die Schule bewältigen wird. Er kann sich nur schwer konzentrieren und seine feinmotorischen Fähigkeiten sind wenig entwickelt. Oft wirkt er abwesend und desinteressiert. In seiner Gruppe läuft er häufig ziellos herum, spielt allenfalls mit deutlich jüngeren Kindern, denen er immer wieder seinen Willen aufzudrängen versucht.
Einige Wochen vor der Sommerpause werden die Erzieherinnen kurz nach dem Mittagessen durch laute Schreie aus dem Waschraum alarmiert. Hinzugeeilt stellen sie fest, dass sich Oliver gegen eine Toilettentür lehnt und so verhindert, dass ein dreijähriger Junge

die Toilette verlässt. Als die Fachkräfte Oliver zur Rede stellen, fängt der sonst eher „coole" Junge plötzlich an zu schluchzen: „Mein Stiefvater hat gesagt, dass ich ins Heim muss", platzt es aus ihm heraus.

Nur wenige Tage nach dem Vorfall findet ein seitens der Kita dringlich anberaumtes Gespräch mit der Mutter und dem Stiefvater des Jungen statt. Das Gespräch macht die dramatische Situation in der Familie deutlich: Das Verhältnis zwischen Oliver und seinem Stiefvater ist von gegenseitiger Ablehnung geprägt. Neuerdings stellt sich auch die Mutter immer mehr gegen ihren Sohn, da seine Wutanfälle sie an ihren früheren Mann erinnern, den Vater von Oliver, von dem sie sich vor einigen Jahren getrennt hat. Beide, Mutter und Stiefvater, bevorzugen die gemeinsame Tochter, die vor eineinhalb Jahren zur Welt kam. Die Mutter berichtet, dass Oliver von seinem Stiefvater häufig regelrecht niedergebrüllt werde. Als der Streit wieder einmal eskalierte, habe er ihr zugerufen: „Dann bring ihn doch ins Heim!" Im Laufe des Gesprächs stellt sich heraus, dass der Stiefvater als Kind selbst einige Jahre im Heim gelebt hat.

Das Verhalten des Kindes verstehen

Kinder, die von den Personen, die ihnen am nächsten stehen und eigentlich für sie da sein sollten, abgelehnt werden, sind in ihrer gesamten Entwicklung gefährdet. Der vertraute Ort ihres Zuhauses bietet keine sichere Perspektive (mehr). Die damit verbundene Orientierungslosigkeit kann dazu führen, dass sie ihre Verzweiflung aggressiv gegen andere Kinder richten oder als Selbstverletzung gegen sich selbst. Oder aber die Hilflosigkeit äußert sich in tiefer Niedergeschlagenheit, die bis zur Suizidgefährdung reichen kann und manchmal durch hektische Aktivitäten überdeckt wird.

Im Fallbeispiel bringt Oliver ein anderes Kind in eine ähnliche Zwangslage wie die, in der er sich selbst befindet. Selbstverständlich darf sein Verhalten nicht akzeptiert werden. Zugleich ist es jedoch als Signal zu verstehen, mit dem er auf die eigene verzweifelte Lage hinweist, aus der er sich nicht ohne fremde Hilfe befreien kann. Oliver ist zu Hause immer mehr in eine Außenseiterposition geraten, die ihn zur „unerwünschten Person" macht: Der Stiefvater lehnt ihn ab, die Mutter schlägt sich auf die Seite ihres neuen Partners und stellt sich damit ebenfalls gegen Oliver, beide ziehen die gemeinsame Tochter ihm gegenüber deutlich vor. Die im Streit gefallene Äußerung des Stiefvaters („Dann bring ihn doch ins Heim!") drückt aus, was sich als latente Stimmung seit Längerem angebahnt hat.

Informationen zusammentragen

Bereits im Vorfeld des ersten Elterngesprächs wurden in einem Teamgespräch sämtliche Informationen zusammengetragen. Hierzu gehören sowohl Verhaltensbeobachtungen beim Kind als auch Verlauf und Ergebnisse früherer Gespräche mit den Eltern. Um ein Gesamtbild zu erhalten, sollten auch weiter zurückliegende Beobachtungen miteinbezogen werden. Sämtliche Informationen sind schriftlich zu dokumentieren und sollten mit Ort, Zeit und Namen der Beobachtenden gekennzeichnet werden.

Die Risiken für das Kind einschätzen

Gemeinsam mit einer insoweit erfahrenen Fachkraft (vgl. Abschnitt „Körperliche Misshandlung") nimmt die Kindertageseinrichtung eine Risikoeinschätzung vor. Im Fall einer psychischen Misshandlung spielen das Ausmaß der seelischen Verletzung und die Folgen für das Kind die entscheidende Rolle, aber auch eventuell vorhandene protektive (schützende) Faktoren sind zu berücksichtigen. Weiterhin muss vor dem Hintergrund der Familiensituation beurteilt werden, welche weitere Entwicklung wahrscheinlich ist (prognostische Aussage) und welche Hilfen geeignet erscheinen, eine Gefährdung des Kindes zukünftig zu verhindern.

In Olivers Fall kann davon ausgegangen werden, dass der Junge bereits seit einiger Zeit von den Eltern abgelehnt wird und dass sich an seiner bedrohten Position in der Familie ohne Hilfe von außen nichts ändern wird. Möglicherweise spielen für ein Verständnis der Situation weitere Faktoren wie das noch immer angespannte Verhältnis der Mutter zu ihrem Ex-Mann (Olivers Vater) und die Heim-Erfahrung des Stiefvaters eine Rolle. Die Bereitschaft der Eltern, Hilfen anzunehmen, kann nach dem ersten Gespräch positiv eingeschätzt werden. Entsprechende Hilfen sollten sich

Psychische Gewalt ist die häufigste Form von Kindesmisshandlung.

zunächst darauf konzentrieren, die in der Familie vorhandenen Konflikte zu thematisieren, z. B. im Rahmen einer Erziehungs- oder Familienberatung. Im weiteren Verlauf ist zu klären, ob innerfamiliäre Lösungen möglich sind und sich das Verhältnis zwischen Oliver und seinen Eltern – insbesondere dem Stiefvater – entspannt, oder ob die Familie in dieser Form nicht weiter zusammenleben kann und welche Lösung in diesem Fall denkbar wäre. In die Erörterung dieser Fragen sollte auch Olivers leiblicher Vater einbezogen werden.

Eltern für Hilfen motivieren
Nach Abschluss der Beratung mit der insoweit erfahrenen Fachkraft sollte ein zweites Gespräch mit den Eltern (Mutter und Stiefvater) vereinbart werden, an dem die Leiterin und die zuständige Erzieherin teilnehmen. Die Leiterin könnte das Gespräch wie folgt eröffnen: „In unserem letzten gemeinsamen Gespräch haben wir von den Konflikten in Ihrer Familie erfahren, die für Sie die Frage aufwerfen, ob Sie weiterhin mit Oliver zusammenleben wollen und können. Diese Situation hat dazu geführt, dass Oliver sich in der Kita häufig unglücklich fühlt und dies durch sein Verhalten ausdrückt. Das bereitet uns Sorgen. Wir möchten Sie bitten, mit uns zu überlegen, welcher Lösungsweg in dieser Situation der beste ist." Daraufhin könnte Olivers Erzieherin berichten, wie sich der Junge in der Gruppe verhält und wie dieses Verhalten ihrer Meinung nach zu verstehen ist. Anschließend sollte die Leiterin die Mutter und den Stiefvater bitten, ihre jeweilige Sicht der Situation zu schildern und darzustellen, welche Lösungen sie anstreben. Ein nächster Schritt besteht darin, aufzulisten, in welchen Punkten die Eltern selbst Veränderungen herbeiführen können, wo die Kita Unterstützung anbietet und in welchen Bereichen zusätzliche Hilfen notwendig sind. Schließlich wird das weitere Vorgehen vereinbart (vgl. auch Abschnitt „Vernachlässigung"): In welchen zeitlichen Abständen wird Bilanz gezogen? Auf welche Weise werden zusätzliche Hilfen in Anspruch genommen? Wie werden eventuell offen gebliebene Fragen geklärt? Die Ergebnisse des Gesprächs sind sorgfältig zu dokumentieren.

Sexueller Missbrauch

Sexueller Missbrauch ist eine die geltenden Generationsschranken überschreitende sexuelle Aktivität eines Erwachsenen oder Jugendlichen mit Minderjährigen in Form von Belästigung, Masturbation, oralem, analem oder genitalem Verkehr oder sexueller Nötigung bzw. Vergewaltigung sowie sexueller Ausbeutung durch Nötigen von Minderjährigen zu pornografischen Aktivitäten und Prostitution. Durch den Missbrauch werden die körperliche und seelische Entwicklung, die Unversehrtheit und Autonomie sowie die sexuelle Selbstbestimmung der Minderjährigen gefährdet und beeinträchtigt und ihre Gesamtpersönlichkeit nachhaltig gestört. Die Täter nutzen ihre Macht- bzw. Autoritätsposition und die Abhängigkeit des Kindes aus und ignorieren dessen Grenzen. Sexueller Missbrauch ist oft mit seelischer Misshandlung (z. B. Erpressung) und in schweren Fällen häufig mit Vernachlässigung verknüpft. In etwa 80 Prozent der Fälle werden Missbrauchshandlungen an Kindern durch männliche Täter begangen. Rund ein Drittel aller Fälle geht auf das Konto jugendlicher Täter. Wird der Missbrauch von einem noch nicht strafmündigen Kind begangen, spricht man von sexuellen Übergriffen. Die Schwere des Traumas sexueller Misshandlung ist abhängig vom Alter der Betroffenen bei Beginn des Missbrauchs und von dessen Dauer, Häufigkeit und Intensität sowie von der emotionalen Beziehung zwischen Täter und Opfer. Generell gilt, dass chronische gewaltsame Missbrauchserfahrungen zu weitaus schwereren Schädigungen führen als beispielsweise verbale Entgleisungen (sexuelle „Anmache") oder exhibitionistische und voyeuristische Vorgänge.

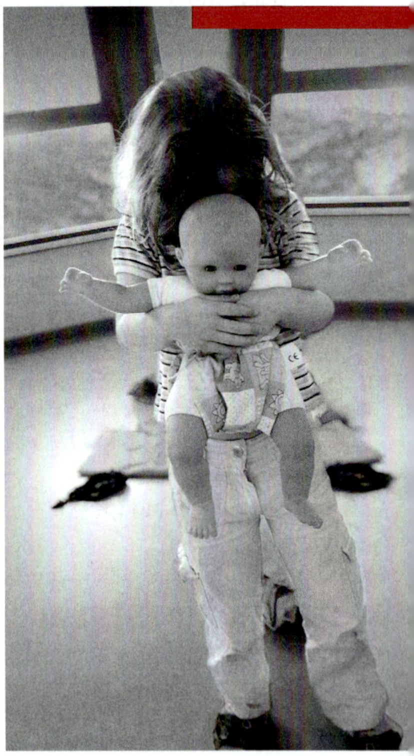

Sexueller Missbrauch traumatisiert

Fallbeispiel: „Mir tut das weh!"
Janina ist gerade fünf Jahre alt. Als Zweijährige ist sie zusammen mit ihrer Mutter und einer älteren Schwester aus Russland nach Deutschland gekommen. Seit die Familie im vergangenen Sommer aus dem Übergangswohnheim für Aussiedler in eine eigene Wohnung ziehen konnte, geht Janina erstmals in den Kindergarten, der mitten in einem sozialen Brennpunkt liegt. Eine Sozialarbeiterin hatte den Besuch der Tageseinrichtung dringend empfohlen, um Janinas Startchancen in der Schule zu verbessern. Beim Aufnahmegespräch berichtete die Mutter, dass sie seit Kurzem mit einem neuen Mann zusammenlebe, der zwei jugendliche Söhne in die Partnerschaft eingebracht habe. Zwar sei es in der Wohnung mit sechs Personen sehr beengt, aber die neue Liebe lasse sie so manche Schwierigkeit im Alltag vergessen. Im Kindergarten sucht Janina von Anfang an intensiven Kontakt zu ihrer Bezugserzieherin. Vor allem sprachlich, aber auch in punkto soziale Kontakte macht sie schnell große Fortschritte. Seit etwa einem Monat jedoch klagt sie wiederholt über heftige Kopf- und Bauchschmerzen. Eine Erklärung dafür ist zunächst nicht zu finden. Eines Nachmittags vertraut sie sich ihrer Erzieherin an: Wenn die Mutter und ihr Freund abends weggingen, dann halte ihr großer Stiefbruder Timo sie manchmal fest und zwinge sie, sich auf seinen Schoß zu setzen. „Dann drückt er mich und ruckelt so komisch. Mir tut das weh!", erzählt sie und schmiegt sich dabei eng an die Erzieherin.

Informationen zusammentragen
Hinweise auf den sexuellen Missbrauch eines Kindes lösen bei pädagogischen Fachkräften in der Regel große Beunruhigung und Bestürzung aus. „Das darf doch nicht wahr sein!", lautet meist die erste Reaktion, gefolgt von Gefühlen der Angst, Hilflosigkeit und Wut. Die Hoffnung, sich mit seinen Beobachtungen und Schlussfolgerungen getäuscht zu haben, wechselt ab mit dem Wunsch, das Kind sofort vor weiteren Übergriffen zu schützen. In das „Chaos der Gefühle" mischen sich bisweilen auch Selbstvorwürfe, die Vorgänge nicht früher erkannt und damit Schlimmeres verhindert zu haben.
Im Fall von Janina werden der Erzieherin viele Fragen durch den Kopf gehen: Stehen die Kopf- und Bauchschmerzen, über die das Mädchen in den letzten Wochen häufig klagte, in einem Zusammenhang mit dem Verhalten des Stiefbruders? Hat Janina ihr wirklich alles erzählt? Wann haben die Übergriffe begonnen und welches Ausmaß haben sie bereits erreicht? Wissen die Mutter und der Stiefvater davon und warum sind sie nicht in der Lage, das Kind ausreichend zu schützen? Muss sie Janinas Eltern sofort über die Schilderungen ihrer (Stief-)Tochter informieren? Wie werden sie reagieren? Und: Kann der Kindergarten das Mädchen unter diesen Umständen am Nachmittag ohne vorheriges Gespräch mit den Eltern überhaupt nach Hause gehen lassen?
Bei Verdacht auf sexuellen Missbrauch sind ruhige Überlegung und planvolles Vorgehen unabdingbar. Panische Reaktionen wie z. B. ein sofortiger Anruf bei den Eltern können die Situation möglicherweise verschlimmern und die Gefährdung noch erhöhen. Zugleich ist rasches Handeln notwendig, denn es ist zu befürchten, dass der Missbrauch fortgesetzt wird, solange das Kind nicht wirksam geschützt ist.

Es ist nicht Aufgabe der Erzieherin, „kriminalistisch" zu recherchieren.

In Janinas Fall sollte die Erzieherin den Erzählungen des Mädchens einfühlsam zuhören und unmissverständlich deutlich machen, dass das Verhalten des Stiefbruders nicht akzeptabel ist. Sofern Janina bereit ist, Einzelheiten zu berichten, kann behutsam nachgefragt werden. Es ist jedoch nicht Aufgabe der Erzieherin, „kriminalistisch" zu recherchieren. Zumeist markieren Kinder die Grenzen ihrer Mitteilungsbereitschaft sehr genau; diese Grenzen müssen dann auch respektiert werden. Am Ende des Gesprächs sollte die Erzieherin dem Mädchen sagen, dass sie mit den Eltern sprechen wird, damit derartige Übergriffe sich nicht wiederholen. Der möglichen Bitte Janinas, niemandem von den Vorkommnissen zu erzählen, darf die Erzieherin nicht nachkommen. In diesem Fall muss sie dem Mädchen vermitteln, dass sie seine Ängste zwar versteht, es jedoch ihre Aufgabe ist, gemeinsam mit den Eltern dafür zu sorgen, dass Janina in Zukunft besser geschützt wird.
Noch am selben Tag sollte die Erzieherin das Gespräch mit der Leiterin und den Kolleginnen suchen. In diesem Gespräch sollten sämtliche Beobachtungen, die mit dem berichteten Missbrauch in Zusammenhang stehen könnten (Verhalten des Kindes in den letzten Tagen

und Wochen, Äußerungen der Eltern in der Bring- und Abholsituation etc.), zusammengetragen und schriftlich dokumentiert werden.

Eine insoweit erfahrene Fachkraft hinzuziehen

Da bei Verdacht auf sexuellen Missbrauch nicht abgewartet werden kann, sollte gemäß § 8a Abs. 4 SGB VIII eine insoweit (d. h. in Bezug auf sexuellen Missbrauch) erfahrene Fachkraft möglichst noch am selben Tag (notfalls telefonisch) hinzugezogen werden. Ziel des Gesprächs zwischen der Kindertageseinrichtung (Leiterin und zuständige Erzieherin bzw. Team) und der insoweit erfahrenen Fachkraft ist es, eine Einschätzung des Gefährdungsrisikos für das Kind vorzunehmen und das weitere Vorgehen zu planen.

Die Risiken für das Kind einschätzen

Bei der Risikoeinschätzung spielen Art und Umfang der Gefährdung eine große Rolle. Bei sexuellem Missbrauch ist bedeutsam, ob sich der Verdacht auf auffällige Verhaltensweisen des Kindes (z. B. sexualisiertes Verhalten) stützt oder ob das Kind selbst von sexuellen Übergriffen berichtet. Weiterhin ist zu unterscheiden, ob es sich um verbale Grenzüberschreitungen handelt oder ob körperliche Übergriffe stattgefunden haben und welches Ausmaß an psychischem Druck (z. B. Drohungen, Zwang zur Geheimhaltung) und/oder körperlicher Gewalt (z. B. Festhalten, Verletzungen des Kindes) damit verbunden ist. Zudem ist abzuschätzen, ob die Eltern – sofern sie nicht selbst als Täter infrage kommen – von den Übergriffen wissen, warum sie das Kind bisher nicht schützen konnten und inwieweit sie vermutlich bereit und in der Lage sein werden, geeignete Hilfen anzunehmen. Sämtliche Ergebnisse der Risikoeinschätzung werden sorgfältig dokumentiert.

Die Kita muss bei den Eltern auf die Inanspruchnahme notwendiger Hilfen hinwirken.

Eltern informieren und für Hilfen motivieren

In erster Linie ist es Aufgabe der Eltern, ihr Kind vor sexuellem Missbrauch zu schützen. Sofern die Eltern bzw. ein Elternteil nicht selbst als Täter infrage kommen, müssen sie zeitnah (i. d. R. am selben Tag) über die Beobachtungen und die damit verbundenen Vermutungen seitens der Kita informiert werden. Ein solches Gespräch sollte von der Leiterin gemeinsam mit der Bezugserzieherin geführt werden. Normalerweise sind Eltern daraufhin sofort bereit, alle notwendigen Maßnahmen zu ergreifen, damit ihr Kind Hilfe erhält und künftig besser geschützt ist. Im Fall von Janina sollten die Mutter und ihr Partner das Mädchen ermutigen, mit ihnen über die Geschehnisse zu sprechen. Im zweiten Schritt wäre es ihre Aufgabe, den Stiefbruder mit Janinas Bericht zu konfrontieren und die Übergriffe eindeutig zu missbilligen. Anschließend hätten sie dafür Sorge zu tragen, dass der Jugendliche bis auf Weiteres nicht mehr unbeaufsichtigt mit seiner Stiefschwester zusammen ist. Schließlich sollten sie ihm erzieherische Hilfen, eventuell in Form eines Erziehungsbeistands oder einer Psychotherapie, zukommen lassen. Möglicherweise kommen weitere Formen der Unterstützung wie z. B. Familienberatung oder -therapie infrage.

Aufgabe der Kindertageseinrichtung ist es, bei den Eltern auf die Inanspruchnahme notwendiger Hilfen hinzuwirken und sich davon zu überzeugen, dass die angenommenen Hilfen tatsächlich ausreichend sind, um die Gefährdung des Kindes abzuwenden. Die Eltern sind darüber zu informieren, dass sie nach dem Kinder- und Jugendhilfegesetz einen Leistungsanspruch auf Hilfen zur Erziehung haben.

In den Fällen von sexuellem Missbrauch, in denen ein Elternteil (oder beide Eltern) als Täter infrage kommt und das Kind vor ihm geschützt werden muss, ist ein konfrontierendes Gespräch notwendig. Da in einem solchen Fall Schutzmaßnahmen unter Umständen auch gegen den Willen der Eltern ergriffen werden müssen (z. B. wenn der missbrauchende Elternteil nicht bereit ist, die Verantwortung für den Missbrauch zu übernehmen und die Wiederholungsgefahr groß ist), wird ein solches Gespräch in der Regel von einem Mitarbeiter oder einer Mitarbeiterin des Jugendamts geführt. Das Jugendamt entscheidet dann – notfalls unter Einschaltung des Familiengerichts –, welche Maßnahmen notwendig sind, um das Kind zu schützen (z. B. Inobhutnahme).

Suchtabhängigkeit der Eltern

Unter Sucht ist ein Verhaltensmuster zu verstehen, das von einem zwanghaften, wachsenden Verlangen nach einem bestimmten Gefühls- und Erlebniszustand geprägt ist. Die Sucht kann sich auf den Umgang mit Stoffen beziehen (z. B. Alkoholsucht, Nikotinsucht, Heroin- oder Kokainsucht) oder auf ein bestimmtes Verhalten (z. B. Magersucht, Fresssucht, Arbeitssucht, Spielsucht, Sexsucht, Fernseh- oder Internetsucht). In Bezug auf stoffgebundene Süchte wird der Begriff „Sucht" meist durch „Abhängigkeit" ersetzt.

Im Fall einer Abhängigkeit wird der Verstand dem Verlangen nach bestimmten Stoffen untergeordnet. Abhängigkeit – von den Betroffenen häufig geleugnet – beeinträchtigt die freie Entfaltung der Persönlichkeit und kann die sozialen Bindungen und sozialen Chancen eines Individuums beeinträchtigen oder sogar zerstören. Die Folgen für den Suchtkranken sind gravierend: Der entstehende Kontrollverlust führt dazu, dass sich die Zukunftsplanung zunehmend auf die Organisation der Abhängigkeit reduziert. Nicht selten sind Begleiterkrankungen wie Angststörungen, Depressionen oder Psychosen. In vielen Fällen werden Familienangehörige oder Freunde in die Sucht hineingezogen und unterstützen das Suchtsystem (Co-Abhängigkeit), indem sie dem Süchtigen viele Aufgaben abnehmen, sein Verhalten rechtfertigen und die Probleme nach außen hin leugnen.

In Deutschland leben mehr als zweieinhalb Millionen Kinder mit mindestens einem alkoholkranken Elternteil. Hinzu kommen etwa 40.000 Kinder mit Eltern, die von illegalen Drogen abhängig sind. Damit ist jede siebte Familie zeitweise oder dauerhaft von Sucht und Abhängigkeit mindestens eines Elternteils betroffen. Jedes 250. Kind wird bereits mit Schädigungen aufgrund des Alkoholkonsums der Mutter während der Schwangerschaft geboren. Rund ein Drittel der Kinder aus suchtbelasteten Familien wird später selbst suchtkrank.

Fallbeispiel: „Dennis' Mutter hatte eine Alkoholfahne"

Dennis ist vier und ein ruhiger, hilfsbereiter Junge. Häufig hält er sich mit seinen beiden besten Freunden in der Bauecke auf. Zu dritt holen sie sich dann alle verfügbaren Spielzeugautos, vergessen die Welt um sich herum und spielen „Werkstatt" oder „Unfall". Dennis will später Kranführer werden wie sein Vater. Der sei, so erzählt er kenntnisreich und nicht ohne Stolz, meistens „auf Montage". Über seine Mutter spricht Dennis nicht gern, obwohl er täglich mit ihr zusammen ist. Als die Kinder im Morgenkreis über ihre Erlebnisse am Wochenende berichten, erzählt er jedoch, dass seine Mutter den ganzen Sonntagvormittag im Bett verbracht hat. Auf die Frage der Erzieherin, wer denn dann das Frühstück gemacht habe, antwortet er verlegen: „Ich". Beim nächsten Teamgespräch tauschen die Erzieherinnen ihr Wissen über die Familie aus: Der Vater ist in der Kita kaum bekannt, zuletzt war er bei der Weihnachtsfeier dabei. Die Mutter nimmt regelmäßig an Elternabenden und Entwicklungsgesprächen teil. Sie ist dann immer etwas „herausgeputzt" und redet wenig. Von ihr weiß man nur, dass sie in einem Supermarkt arbeitet. Eine Erzieherin erinnert sich: „Letzten Freitag hatte Dennis' Mutter beim Abholen eine Alkoholfahne. Ich habe es sogar auf Abstand gerochen." Es stellt sich heraus, dass mehrere Mitarbeiterinnen unabhängig voneinander bereits einmal vermuteten, dass die Mutter beim Bringen oder Abholen ihres Sohnes unter Alkoholeinfluss stand. Sie hatten ihren Beobachtungen bisher jedoch nicht allzu viel Gewicht beigemessen. Daraufhin werden viele Fragen diskutiert: Müssen die Erzieherinnen die Mutter auf das Thema Alkohol ansprechen? Dürfen sie das überhaupt, da dem Kind bisher doch nichts zugestoßen ist? Wenn ein Gespräch stattfindet, wer soll daran teilnehmen? Wie und mit welchem Ziel soll dieses Gespräch geführt werden?

Informationen zusammentragen

Anzeichen für die Suchterkrankung eines Elternteils sind nicht immer leicht zu erkennen: Das Kind zieht sich zurück, ist oft nicht „bei der Sache" und verschließt sich Gesprächen über die Situation zu Hause. Die Eltern meiden den direkten Kontakt, Bring- und Abholsituationen verlaufen rasch und ohne dass ein Austausch gewünscht wird, Hinweise auf den offensichtlich schlechten Gesundheitszustand eines Elternteils werden bagatellisiert. Hinzu kommt, dass die Scheu vor einem Eindringen in die Privatsphäre der Familie dazu führen kann, dass pädagogische Fachkräfte Anzeichen für eine Suchterkrankung eines Elternteils nicht ernst

Die Suchterkrankung eines Elternteils ist nicht immer leicht zu erkennen.

genug nehmen. Bei einem konkreten Verdacht auf Suchtabhängigkeit sollten im Teamgespräch alle verfügbaren Informationen zusammengetragen werden (s. Fallbeispiel). Folgende Fragen sind dabei zu beantworten:

- Welche offenen oder versteckten Anzeichen für eine Suchterkrankung sind bekannt?
- Fügen sich die unterschiedlichen Beobachtungen zu einem Gesamtbild zusammen?
- Sprechen der betroffene und/ oder der nicht betroffene Elternteil über die Situation und inwieweit besteht Problemakzeptanz bzw. Krankheitseinsicht?
- Auf welche Weise und in welchem Ausmaß leidet das Kind unter der Situation?
- Sind Gefährdungen bekannt, vor denen das Kind geschützt werden muss?
- Äußert es sich selbst zu der Situation?

Im Fall von Dennis gibt es offensichtliche (Alkoholfahne), aber auch weniger eindeutige Anzeichen (Beobachtungen mehrerer Mitarbeiterinnen beim Bringen und Abholen) dafür, dass die Mutter ein Alkoholproblem hat. Dennis selbst hat das Thema Alkohol bisher nicht direkt angesprochen, wenn auch seine Schilderung des Sonntagvormittags damit in Zusammenhang gebracht werden kann. In der Kita ist der Junge bislang nicht aufgefallen, im Gegenteil, er gilt dort als besonders hilfsbereit und ruhig. Dennoch machen sich die Erzieherinnen Sorgen, ob sich die Mutter, wenn sie unter Alkoholeinfluss steht, ausreichend um ihren Sohn kümmern kann.

In akuten Notsituationen kann das Einschalten der Polizei erforderlich sein.

Sämtliche Beobachtungen und damit verbundene Fragen sollten schriftlich festgehalten und über einen gewissen Zeitraum (z. B. einen Monat) hinweg durch zusätzliche systematische Beobachtungen ergänzt werden.

Das Gespräch mit den Eltern suchen

Sofern sich die Hinweise auf eine Suchtbelastung in einer Familie verdichten, sollte zeitnah ein Gespräch mit den Eltern stattfinden. Da auch der nicht von Sucht betroffene Elternteil zum „Suchtsystem Familie" gehört, sollte er ebenfalls eingeladen werden. Es ist sinnvoll, dass zwei Erzieherinnen – darunter bei Anzeichen für eine Kindeswohlgefährdung in jedem Fall die Leitung – am Gespräch teilnehmen.
Im Fall von Dennis könnte ein solches Elterngespräch etwa so ablaufen: Die Leiterin dankt den Eltern für ihr Kommen und die Bereitschaft zum Gespräch. Sie bittet die zuständige Erzieherin zu schildern, warum sich die Kita um Dennis Sorgen macht. Daraufhin berichtet diese z. B. wie folgt: „Am Freitag, als Sie Dennis vom Kindergarten abholten, habe ich bei Ihnen deutlich Alkoholgeruch wahrgenommen. Als wir im Team darüber sprachen, sagten auch Kolleginnen, dass sie schon einmal vermutet haben, dass Sie beim Bringen oder Abholen von Dennis unter Alkoholeinfluss standen. Zunächst haben wir diesen Beobachtungen nicht allzu viel Bedeutung beigemessen. Inzwischen aber machen wir uns Sorgen, ob Dennis in jeder Situation – beispielsweise im Straßenverkehr – ganz auf Sie zählen kann. Wir sind auch besorgt darüber, welchen Eindruck Dennis von Ihnen bekommen muss, wenn er Sie unter Alkoholeinfluss erlebt und wie die Reaktionen anderer Kinder und Eltern sind." Anschließend kann die Leiterin die Eltern bitten, ihre jeweilige Sicht der Situation zu schildern und sich dazu zu äußern, ob die Sorgen der Kita berechtigt sind und ob nach Hilfen gesucht werden muss.
Im weiteren Verlauf des Gesprächs sollte mit den Eltern aufgelistet werden, in welchen Punkten sie selbst Veränderungen herbeiführen können, wo der Kindergarten Unterstützung anbietet und in welchen Bereichen zusätzliche Hilfen notwendig sind. Auch das konkrete weitere Vorgehen muss vereinbart werden: In welchen zeitlichen Abständen wird Bilanz gezogen? Auf welche Weise werden zusätzliche Hilfen in Anspruch genommen? Wie werden offen gebliebene Fragen geklärt? Zu den beiden letzten Punkten kann z. B. gehören, sich an eine Beratungsstelle, die Suchtkrankenhilfe oder eine Selbsthilfegruppe zu wenden oder das Gespräch mit dem Jugendamt zu suchen. Die Ergebnisse des Gesprächs sind sorgfältig zu dokumentieren.

Wenn das Wohl des Kindes gefährdet ist

Unabhängig davon, ob der suchtkranke Elternteil seine Abhängigkeit behandeln lässt, hat das Kind, wenn sein Wohl gefährdet ist, Anspruch auf Hilfe. Eine Kindeswohlgefährdung kann z. B. vorliegen, wenn ein suchtkranker Elternteil zeitweise die Versorgung nicht mehr übernehmen kann, das Kind für eigene Zwecke instrumentalisiert, Partnerge-

walt vor den Augen des Kindes stattfindet oder Gewalt sich direkt gegen das Kind richtet.
Im Fall gewichtiger Anhaltspunkte für eine Kindeswohlgefährdung hat die Kita gemäß § 8a Abs. 4 SGB VIII eine insoweit erfahrene Fachkraft hinzuzuziehen, die Leitung und Team bei der Einschätzung des Gefährdungsrisikos für das Kind sowie bei der Planung des weiteren Vorgehens unterstützt. Ebenso gehört es zu den Aufgaben der Kita, bei den Eltern auf die Inanspruchnahme notwendiger Hilfen hinzuwirken und sich davon zu überzeugen, dass die Hilfen tatsächlich in Anspruch genommen werden und ausreichend sind, um die Gefährdung abzuwenden (vgl. auch Abschnitt „Körperliche Misshandlung").
In akuten Notsituationen, wenn z. B. ein suchtabhängiger Elternteil nicht mehr zurechnungsfähig ist oder trotz offensichtlicher Fahruntüchtigkeit das Kind mit dem Auto transportieren will, kann eine Inobhutnahme unter Einbeziehung des Jugendamts oder notfalls das Einschalten der Polizei erforderlich sein.

Psychische Erkrankung der Eltern

Schätzungen zufolge wachsen rund eine halbe Million Kinder in Deutschland mit einem psychisch schwer kranken (psychotischen) Elternteil auf. Hinzu kommt eine noch weitaus größere Zahl von Kindern, deren Eltern an minder schweren seelischen Erkrankungen leiden wie z. B. Angst- oder Zwangsstörungen, Depressionen oder psychosomatischen Beschwerden. Erfahrungen aus der Praxis zeigen, dass die Mehrzahl der betroffenen Kinder allein mit einer psychisch kranken Mutter lebt. Häufig haben die Väter infolge der psychischen Erkrankung ihrer Partnerin die Familie und damit auch die Kinder verlassen.
Bei akuten psychischen Erkrankungen eines Elternteils fehlt den Kindern weitgehend dessen Zuwendung; er steht ihnen emotional und häufig auch physisch nicht zur Verfügung. Die Kinder leben in einem Wechselbad der Gefühle: Angst, Wut, Hilflosigkeit, Trauer und enttäuschte Hoffnungen spielen eine Rolle. Zu dem emotionalen Verlust des Elternteils kommen zusätzliche Belastungen. Viele Kinder versorgen den Erkrankten, strengen sich an, einer Verwahrlosung der Wohnung entgegenzuwirken, kochen und führen den Haushalt. In zugespitzten Situationen versuchen die Kinder, Hilfe zu holen und den erkrankten Elternteil zu stabilisieren. Das Eltern-Kind-Verhältnis steht auf dem Kopf und die Kinder geraten in eine versorgende Elternrolle (Parentifizierung); nicht selten kommen Gefährdungssituationen wie Vernachlässigung oder Misshandlung hinzu. Dadurch entsteht eine Situation andauernder emotionaler Überforderung, die zu seelischen Krisen, Beeinträchtigungen der Entwicklung und im weiteren Verlauf zu behandlungsbedürftigen Störungen führen kann.
Typisch für viele betroffene Familien ist, dass Eltern und Kinder nicht in der Lage sind, miteinander offen über ihre Sorgen und Ängste zu sprechen. Psychisch kranke Eltern neigen dazu, den Kindern wichtige Informationen vorzuenthalten, um diese nicht zu sehr zu belasten. Umgekehrt versuchen die Kinder, bestehende Ängste vor den Eltern zu verbergen aus Furcht, zusätzlich Sorgen zu bereiten. Dies wiederum führt dazu, dass die erkrankten Eltern die Belastungen ihrer Kinder häufig unterschätzen oder deren Leiden sogar gänzlich übersehen, zumal sie selbst versuchen (müssen), ihre Energien auf die eigene Lebensbewältigung zu konzentrieren. Auf diese Weise kann ein unbewusstes „Schweigegebot" entstehen, unter dem sämtliche Mitglieder der Familie leiden und das eine Entspannung der Situation durch offene Ansprache verhindert.

Für die Kinder entsteht eine Situation andauernder emotionaler Überforderung.

Fallbeispiel: „Mama ist mal wieder schlecht drauf"
Malte ist vor Kurzem fünf geworden und für sein Alter bereits sehr selbstständig. Er trägt eine Armbanduhr und kann bereits einige Worte schreiben. Auch sprachlich ist er vielen Gleichaltrigen voraus. Er formuliert gut, auch wenn seine Bemerkungen manchmal etwas altklug wirken: „Wie können wir das Problem lösen?", fragte er neulich, als es darum ging, zwei Äpfel auf drei Kinder zu verteilen. Sein stark ausgeprägter Ordnungssinn ist manchmal sogar den pädagogischen Fachkräften zu viel. Er wischt jeden Schmutzfleck sofort weg und achtet penibel darauf, dass Gegenstände korrekt an ihren Platz geräumt werden. In fröhlichen Situationen wirkt Malte auffallend unbeteiligt. Sogar als kürzlich ein Kind Geburtstag feierte, hat er sich nicht mitfreuen können und beschäftig-

te sich stattdessen mit einem Buchstabenspiel.
In unregelmäßigen Abständen wird Malte von seiner Oma in den Kindergarten gebracht, nun schon seit zwei Wochen. „Mama ist mal wieder schlecht drauf", antwortet er seinem Erzieher auf die Frage, was denn mit ihr sei. Als die Mutter auch zu einem bereits vor längerer Zeit vereinbarten Entwicklungsgespräch nicht erscheint, spricht der Erzieher die Großmutter auf die Situation an. Da sprudelt es aus dieser heraus: „Meine Tochter ist krank. Jetzt ist es besonders schlimm. Seit zwei Wochen wird sie in der Psychiatrie behandelt." Weiter berichtet sie, dass Maltes Mutter schon seit mehreren Jahren an einer psychotischen Erkrankung leidet und deshalb Medikamente nimmt. Da die Mutter große Angst habe, dass Malte ihr weggenommen werden könnte, habe sie den Kindergarten bisher nicht darüber informiert.

Informationen zusammentragen
Die psychische Erkrankung eines Elternteils gehört zu den schleichenden, nicht immer sofort erkennbaren Gefährdungen für Kinder. Oft kann die Situation von den Eltern lange Zeit einigermaßen stabil gehalten werden, ohne dass für Außenstehende eine Bedrohung sichtbar wird. Dies hängt auch mit dem häufig wellenförmigen Krankheitsverlauf vieler seelischer Erkrankungen zusammen. Ruhige, unauffällige Phasen wechseln sich ab mit Krisenzeiten, in denen der betroffene Elterteil nicht in der Lage ist, Verantwortung für ein Kind zu übernehmen und bisweilen sogar stationär behandelt werden muss. Sobald die Kita von der psychischen Erkrankung eines Elternteils Kenntnis erhält, sollte zeitnah ein Gespräch im Team stattfinden, bei dem sämtliche Informationen, einen längeren Zeitraum betreffend, zusammengetragen werden. Möglicherweise erscheint das Verhalten eines Kindes dadurch rückblickend in einem neuen Licht. Folgende Fragen sollten beantwortet werden:

- Welche Informationen über die psychische Erkrankung und deren Verlauf stehen zur Verfügung (offene und versteckte Anzeichen, Berichte des betroffenen Elternteils und anderer Familienmitglieder, medizinische Informationen)?
- Sprechen der betroffene und/oder der nicht betroffene Elternteil bzw. andere Bezugspersonen des Kindes über die Situation und wird die Erkrankung als solche benannt oder verleugnet?
- Welche Auswirkungen auf das Kind sind erkennbar?
- Steht ein gesunder Elternteil oder eine andere (gesunde) Bezugsperson zur Verfügung, der/die sich bei Ausfall des erkrankten Elternteils um das Kind kümmert und Elternverantwortung wahrnimmt?
- Gab bzw. gibt es Gefährdungssituationen, in denen das Kind geschützt werden muss(te)?

Im Fall von Malte ist der Kita gerade erst bekannt geworden, dass die Mutter psychisch krank ist. Die Großmutter berichtet, dass es sich um eine psychotische Erkrankung handelt. Unklar ist, wie lange der aktuelle Krankenhausaufenthalt dauern wird und welche Heilungschancen bestehen. Weder die Großmutter noch Malte selbst haben zuvor über den Zustand der Mutter berichtet. Lediglich das Unvermögen des Jungen, sich zusammen mit anderen zu freuen, und seine Aussage, dass Mama mal wieder „schlecht drauf" sei, können als erste Hinweise auf seine schwierige Situation betrachtet werden. Auffallend ist der altersuntypische, übertriebene Ordnungssinn von Malte im Kita-Alltag. Möglicherweise ist sein Bestreben, alles „im Griff zu haben", eine Reaktion auf die innere Unordnung, die sich für ihn aus dem unberechenbaren Verlauf der seelischen Erkrankung seiner Mutter ergeben hat. Von heute auf morgen kann es passieren, dass sie ausfällt und er zu seiner Oma gehen muss, ohne dass für ihn abzusehen ist, wie lange diese Episoden dauern.
Wenn die Mutter krankheitsbedingt ausfällt, springt die bereits recht betagte Großmutter ein. Nicht zu erkennen ist, ob sie mit dieser Aufgabe alleine ist oder ihrerseits auf Unterstützung zählen kann. Unklar ist auch, welche Rolle Maltes Vater und eventuelle weitere Verwandte einnehmen und ob durch sie Entlastung möglich ist. Gefahren für Malte sind insbesondere für den Fall zu befürchten, dass die Großmutter nicht mehr uneingeschränkt zur Verfügung steht.

Das Gespräch mit der Großmutter suchen
Die Kita sollte in dieser Situation zeitnah das Gespräch mit der Großmutter suchen, die gegenwärtig der Zugang zur Familie ist. An dem Gespräch sollte neben dem für Malte zuständigen Erzieher die Leiterin der Einrichtung teilnehmen. Sie könnte das Gespräch wie folgt eröffnen: „Vielen Dank, dass Sie sich Zeit für dieses Gespräch genommen haben. Wir haben von Ihnen erfahren, dass Maltes Mutter derzeit in einem psychiatrischen Krankenhaus

stationär behandelt wird, weil sie schon seit längerer Zeit an einer psychotischen Erkrankung leidet. Wir wissen es sehr zu schätzen, dass Sie während der Krankheit Ihrer Tochter die Alltagssorge für Ihren Enkel übernehmen. Zugleich machen wir uns Sorgen, wie es Malte in dieser Situation geht. Wir möchten Sie bitten, uns bei der Klärung der Frage zu unterstützen, inwieweit unsere Sorgen berechtigt und welche Hilfen eventuell notwendig sind."

In einem nächsten Schritt sollte Maltes Erzieher berichten, was an dem Verhalten des Jungen aufgefallen ist und welche Fragen sich daraus ergeben. Wichtig ist, Maltes Bemühen wertzuschätzen, trotz der für ihn vermutlich bedrohlichen Situation weiterhin gut zu „funktionieren" und alles unter Kontrolle zu behalten. Zugleich sollte deutlich gemacht werden, dass dies von dem Jungen große Anstrengung erfordert, seine Fähigkeit, sich freuen zu können, beeinträchtigt und zu Überforderungen führen kann. Anschließend sollte die Großmutter gebeten werden, die Situation aus ihrer Sicht darzustellen. Dabei sollte sie ermutigt werden, auch über Aspekte zu sprechen, die der Kita bisher nicht bekannt geworden sind. Hierzu können z. B. der bisherige Verlauf der Krankheit der Mutter, die familiäre und häusliche Situation und ihre eigene Befindlichkeit gehören. Angesprochen werden sollte auch, wie sich Malte die Erkrankung seiner Mutter (vermutlich) erklärt, da gerade Vorschulkinder häufig schuldhafte Vorstellungen über die Verursachung einer Krankheit entwickeln oder die Bedrücktheit der Eltern als Mitteilung interpretieren, dass Lachen oder sorgloses Spielen unerwünschte Verhaltensweisen sind.

Zum Abschluss des Gesprächs sollte erörtert werden, welche Hilfen notwendig und sinnvoll sind. Eine besondere Unterstützung des Kindes in der Kita (regelmäßige Beobachtung, besondere Zuwendung und Förderung) und ein enger Austausch zwischen Großmutter und Kita können ebenso dazugehören wie eine Entlastung von Maltes Oma im Alltag.

Die Risiken für das Kind einschätzen

Im Anschluss an das Gespräch mit der Großmutter müssen die Risiken für das Kind eingeschätzt werden; im Falle gewichtiger Anzeichen für eine Kindeswohlgefährdung unter Hinzuziehung einer insoweit erfahrenen Fachkraft gemäß § 8a Abs. 4 SGB VIII. Insbesondere muss abgeschätzt werden, ob und wie lange die Großmutter in der Lage ist, bei Ausfall der Mutter Elternverantwortung wahrzunehmen. Wichtig ist auch, nach Möglichkeit Verlauf und Prognose der seelischen Erkrankung der Mutter in die Risikoeinschätzung einzubeziehen.

Die Mutter für Hilfen motivieren

Trotz ihres krankheitsbedingten vorübergehenden Ausfalls bleibt die Mutter als Sorgeberechtigte die wichtigste Ansprechperson für die Kita. Bald nach ihrer Entlassung aus der Klinik sollte ein gemeinsames Gespräch mit Mutter und Großmutter vereinbart werden. In diesem Gespräch sind der Mutter detailliert die Beobachtungen in Bezug auf Maltes Verhalten und der Verlauf der Kontakte mit der Großmutter zu berichten. Sowohl die Fähigkeit der Mutter, ihren Sohn in einer Krisensituation der eigenen Mutter zu überlassen und insofern Elternverantwortung wahrzunehmen, als auch der enorme Einsatz der Großmutter sollten wertgeschätzt werden.

Im weiteren Verlauf des Gesprächs sollte nach Möglichkeit auch darüber gesprochen werden, wie die Erkrankung prognostisch eingeschätzt werden muss und welche Einschränkungen dadurch vermutlich für die Fähigkeit der Mutter, Elternverantwortung wahrzunehmen, zu erwarten sind. Weiterhin sollte besprochen werden, wer bei einem eventuellen erneuten Ausfall der Mutter die Verantwortung für Malte übernehmen kann und ob zusätzlich zur Großmutter weitere Unterstützungspersonen zur Verfügung stehen. Sofern eine solche Unterstützung nicht innerhalb der Familie geleistet werden kann, sollte geprüft werden, ob gegebenenfalls eine professionelle Unterstützung über die Krankenkasse der Mutter (Hilfe im Haushalt) oder das Jugendamt (Betreuung und Versorgung des Kindes in Notsituationen nach § 20 SGB VIII) in Frage kommt. Ein vorsorgliches Gespräch der Mutter (eventuell mit Unterstützung der Kita) mit dem für sie zuständigen Jugendamt kann auch dazu beitragen, dass diese bestehende Ängste abbaut, Malte könne ihr weggenommen werden.

Vorschulkinder entwickeln häufig schuldhafte Vorstellungen über die Verursachung einer Krankheit.

Wenn das Wohl des Kindes gefährdet ist

Manchmal ist aufgrund der psychischen Erkrankung eines Elternteils das Wohl von Kindern gefährdet. Eine Kindeswohlgefährdung kann z. B. bestehen, wenn die Versorgung im Alltag nicht mehr gewährleistet werden kann, das Verhalten des Erkrankten unberechenbar und mit Gefahren für das Kind verbunden ist oder es für die Krankheit des Elternteils verantwortlich gemacht oder als Partnerersatz missbraucht wird. In schweren Fällen, besonders dann, wenn keine Krankheitseinsicht besteht und keine gesunde Person in der Familie für Ausgleich sorgen kann, ist unter Einschaltung des Jugendamts und gegebenenfalls des Familiengerichts eine Trennung des Kindes von seinen Eltern erforderlich, notfalls im Zuge einer Inobhutnahme gemäß § 42 SGB VIII.

Schwere Loyalitätskonflikte können zu einer Kindeswohlgefährdung führen.

In den zahlreichen Fällen, in denen das Kind in der Familie verbleiben kann, sind häufig auf das Kind und/oder die Eltern bezogene ambulante Hilfen notwendig. Voraussetzung für eine nicht-traumatische Bewältigung sind vor allem eine offene Kommunikation und altersgerechte Information sowie die Ermutigung des Kindes, Fragen zu stellen und vorhandene Ängste zu äußern. Neben einer solchen generell offenen Haltung bedarf es – über die Versorgung des erkrankten Elternteils hinaus – spezifischer Hilfen, die der jeweiligen Situation in der Familie flexibel angepasst werden müssen.

Hoch konflikthafte Trennung der Eltern

Jedes Jahr erleben mehr als 150.000 Kinder in Deutschland die Trennung oder Scheidung ihrer Eltern. Nur bei einem kleinen Teil hoch konflikthafter Trennungen ist das Wohl eines Kindes gefährdet. Zugleich gehören Sorge- und vor allem Umgangsstreitigkeiten nach einer Trennung zu den häufigsten Konflikten, die sich auch auf das Kind und die Arbeit in Kindertageseinrichtungen auswirken.

Selbst gutwillige Eltern geraten in akuten Trennungskrisen häufig an ihre Grenzen. Gerade kurz nach einer Trennung oder Scheidung, wenn es emotional noch drunter und drüber geht, können Versagens- und Schuldgefühle oder Existenzängste sie daran hindern, die Bedürfnisse ihres Kindes wahrzunehmen und zu verstehen. Außerdem fällt es ihnen oft schwer, mit dem anderen Elternteil zu kommunizieren. Wenn es den Eltern nicht gelingt, das Kind aus ihren Konflikten herauszuhalten, oder wenn ein Elternteil versucht, es gegen den anderen einzunehmen, geraten Kinder in einen für sie nicht lösbaren Loyalitätskonflikt (vgl. auch Abschnitt „Seelische Misshandlung“). Sie verlieren die Orientierung und wissen nicht, wie sie sich verhalten sollen. Viele Kinder reagieren dann mit innerem Rückzug. Sie wollen es beiden Eltern recht machen und müssen daher ständig auf der Hut sein, um sich nicht falsch zu verhalten und einen Elternteil zu „verraten“. Eine andere Reaktion auf Loyalitätskonflikte kann darin bestehen, dass sich das Kind zeitweise oder ganz auf die Seite eines Elternteils schlägt. Dies schafft kurzfristig Entlastung, aber der Preis dafür ist hoch. Das Kind erlebt seine Beziehung zum anderen Elternteil als belastet und befürchtet, sie ganz zu verlieren.

Fallbeispiel: Ausflug mit Papa

Lenas Eltern haben sich getrennt. Kurz vor Ostern ist der Vater zu Hause ausgezogen. Er lebt jetzt mit seiner neuen Partnerin in deren Wohnung. „Papas neue Freundin heißt Martina und hat einen Hund“, erzählt Lena im Kindergarten. Auch Lenas Mutter hat mit der Erzieherin schon über die Situation gesprochen. „Wir waren nicht verheiratet und verstanden uns als moderne Eltern. Unsere Tochter hatte zu uns beiden eine enge Beziehung. Vor etwa einem halben Jahr wurde dann alles anders. Lenas Vater wandte sich von mir ab. Von dem eigentlich geplanten zweiten Kind war plötzlich keine Rede mehr. Er war viel weg, nicht nur beruflich, und auch Lena hat er immer mehr links liegen lassen. Wenigstens haben wir uns darauf einigen können, dass er seine Tochter an zwei Tagen in der Woche zu sich nimmt.“

Lena verhält sich im Kindergarten meist wie gewohnt. Nur vor Weihnachten war den Erzieherinnen aufgefallen, dass sie ein wenig bedrückt wirkte und mehr als sonst für sich allein spielte. Durch einen heftigen Streit der Eltern in Lenas Anwesenheit war die Trennung der beiden für sie offenkundig geworden. Zu ihrer Erzieherin hatte sie daraufhin gesagt: „Mama und Papa sollen sich wieder ver-

tragen". In der Zeit danach nässte sie einige Male ein, obwohl sie mit ihren knapp vier Jahren eigentlich schon sauber war.
An einem Freitag kommt Lenas Vater unangekündigt bereits vor dem Mittagessen in den Kindergarten und will seine Tochter abholen. Er erklärt, dass er sich unerwartet freinehmen konnte und nun zusammen mit Lena und seiner Freundin einen Ausflug in einen nahe gelegenen Freizeitpark machen möchte. Die Erzieherin fühlt sich überrumpelt und ist verunsichert. Einerseits möchte sie Lena ungern mitten aus ihrem Spiel herausreißen, andererseits hat sie Verständnis für das Anliegen des Vaters. Während sie versucht, die Leiterin zu erreichen, um sie zurate zu ziehen, kommen ihr weitere Fragen: Hat der Vater überhaupt das Recht, Lena ohne vorherige Absprache früher abzuholen? Darf sie ihm das Kind einfach mitgeben? Was wird Lenas Mutter dazu sagen?

Die Situation klären
Wenn viele schwierige Fragen auftauchen, ist es besonders wichtig, einen klaren Kopf zu behalten. Dabei hilft vor allem ein Gespräch mit der Leiterin; ist diese verhindert, mit einer erfahrenen Kollegin. Das Bedürfnis nach einer kurzen „Bedenkzeit" sollte dem Vater offen mitgeteilt werden, z. B. so: „Ich habe Ihren Wunsch verstanden und bitte Sie um etwas Geduld, weil ich kurz mit unserer Leiterin Rücksprache halten muss. Vielleicht möchten Sie in dieser Zeit eine Tasse Kaffee trinken?"
Möglicherweise ergibt das Gespräch mit der Leiterin, dass zwischen den Eltern vorab vereinbart wurde, dass der Vater seine Tochter bei Bedarf früher als üblich abholen darf. In diesem Fall kann die Erzieherin dies dem Vater bestätigen und mit ihm zusammen Lena informieren. Lena kann dann sicher sein, dass beide Eltern diese Regelung gutheißen. Zusätzlich könnte der Vater gebeten werden, seine Pläne dem Kindergarten künftig rechtzeitig mitzuteilen, sodass Lena nicht aus ihrem Spiel gerissen wird und alle sich darauf einstellen können.

Das direkte Gespräch suchen
Andernfalls, wenn also keine Absprache zwischen den Eltern für einen solchen Fall getroffen wurde, sollte die Leiterin zusammen mit der Erzieherin das direkte Gespräch mit dem Vater suchen. 10 bis 15 Minuten in einem freundlichen, möglichst störungsfreien Raum sind dafür einzuplanen. Die Gesprächsführung liegt bei der Leiterin. Sofern die Erzieherin für diese Zeit nicht von den Kindern abgezogen werden kann, sollte die Leiterin das Gespräch alleine führen. Sie könnte es wie folgt eröffnen: „Lenas Mutter hat uns mitgeteilt, dass Sie seit einiger Zeit getrennt leben. Für Lena ist es sehr wichtig, dass Entscheidungen, die sie selbst betreffen, weiterhin einvernehmlich von beiden Eltern getroffen werden. Hierzu gehört auch das Bringen und Abholen im Kindergarten. Welche Regelungen haben Sie und Lenas Mutter vereinbart?"
Das Gespräch kann jetzt einen unterschiedlichen Verlauf nehmen, abhängig von den Auskünften des Vaters. In jedem Fall sollte sich die Leiterin seine Angaben von der Mutter bestätigen lassen, eventuell telefonisch. Entscheidend für die Gesprächsführung ist, dass die Leiterin ihr Vorgehen mit dem berechtigten Interesse von Lena begründet, nicht in einen Loyalitätskonflikt zwischen Mutter und Vater zu geraten.

Maßstab ist das Wohl des Kindes
In den meisten Fällen gelingt es, Eltern davon zu überzeugen, ihr Handeln am Wohl des Kindes zu orientieren und trotz der Konflikte rund um die Trennung mit dem anderen Elternteil zu kooperieren. Manchmal ist dies jedoch nicht möglich. Sofern im Fallbeispiel der Vater das Einverständnis der Mutter

„Zu wem soll ich halten?"

nicht nachweisen kann und auch nicht bereit ist, in dieser Situation mit ihr zu kooperieren, sollte die Leiterin ihm deutlich machen, dass sie sein Vorgehen nicht billigen kann, da Lena dadurch in einen für sie schwierigen Konflikt geraten würde. Falls sich der Vater darüber hinwegsetzt und Lena einfach mitnehmen möchte, sollte die Leiterin ihm mitteilen, dass sie sich gezwungen sieht, Lenas Mutter zu informieren.

Erzieherinnen sollten über Absprachen zwischen den Eltern, die das Kind betreffen, Bescheid wissen.

Hinweis: In rechtlicher Hinsicht ist das Verhalten des Vaters in Abhängigkeit von der Regelung des Sorgerechts (zu dem auch das Recht gehört, den Aufenthalt des Kindes zu bestimmen) zu beurteilen. Im Fallbeispiel sind die Eltern von Lena nicht miteinander verheiratet. Auch unverheiratete Eltern können sich für das gemeinsame Sorgerecht entscheiden, sofern sie beide eine entsprechende Sorgeerklärung abgeben. Unabhängig von der Sorgerechtsregelung gilt für beide Eltern, dass sie gemäß § 1684 Abs. 2 BGB alles zu unterlassen haben, „was das Verhältnis des Kindes zum jeweils anderen Elternteil beeinträchtigt oder die Erziehung erschwert".

Wenn das Wohl des Kindes gefährdet ist

Manchmal eskalieren Trennungskonflikte der Eltern so sehr, dass das Wohl des Kindes gefährdet ist. Dies kann der Fall sein, wenn ein Elternteil den anderen vor dem Kind ständig abwertet, das Kind gegen den anderen Elternteil aufhetzt oder es dazu benutzt, den (ehemaligen) Partner auszuspionieren. Auch Drohungen („Wenn du deinem Vater von meinem neuen Freund erzählst, bist du für mich gestorben!"), wiederholte Beschuldigungen („Du bist genauso gemein wie deine Mutter!"), Erpressungen oder der Entzug des Kindes können ein Kind nachhaltig schädigen und sein Wohl gefährden (vgl. auch Abschnitt „Seelische Misshandlung").

Sofern im Zusammenhang mit der Trennung oder Scheidung von Eltern gewichtige Anhaltspunkte für eine Kindeswohlgefährdung vorliegen, muss die Kindertageseinrichtung gemäß § 8a Abs. 4 SGB VIII eine insoweit erfahrene Fachkraft zur Einschätzung des Gefährdungsrisikos für das Kind hinzuziehen und bei den Eltern auf die Inanspruchnahme von Hilfen hinwirken. Nach § 28 SGB VIII haben Eltern im Fall von Erziehungsproblemen bei Trennung oder Scheidung einen Anspruch auf Erziehungsberatung. Auch für die von der Trennung ihrer Eltern betroffenen Kinder bestehen bei Bedarf Hilfemöglichkeiten wie z. B. eine Kinderpsychotherapie oder Gruppenangebote für Scheidungskinder. Wenn notwendige Hilfen von den Eltern nicht in Anspruch genommen werden oder nicht ausreichen, um die Gefährdung abzuwenden, muss die Kita das Jugendamt informieren (vgl. auch Abschnitt „Körperliche Misshandlung").

Konflikten vorbeugen

Damit sich Umgangskonflikte gar nicht erst zuspitzen, sollte im Falle einer Trennung oder Scheidung so früh wie möglich das Gespräch mit beiden Eltern gesucht werden. Sind die Eltern zu einem gemeinsamen Gespräch nicht bereit oder in der Lage, muss je ein Gespräch mit Mutter und Vater allein geführt werden. In einem solchen Gespräch, an dem nach Möglichkeit die Leitung und die zuständige Fachkraft teilnehmen, sollten alle für das Kind in der Kita wichtigen Regelungen vereinbart werden. Die Ergebnisse sollten schriftlich festgehalten und von beiden Eltern unterschrieben werden.

In dem Gespräch kann den Eltern auch mitgeteilt werden, dass Kinder normalerweise eine Trennung oder Scheidung ihrer Eltern gut verkraften. Möglich ist jedoch, dass sie aufgrund der Veränderungen in der Familie vorübergehend verunsichert sind und besondere Aufmerksamkeit seitens der Eltern und/oder der Kita beanspruchen. Entscheidend für die Entwicklung des Kindes ist, inwieweit es den Eltern gelingt, trotz der Auflösung ihrer Paarbeziehung zum Wohl des Kindes zusammenzuwirken.

Häusliche (Partner-)Gewalt

Unter häuslicher Gewalt wird die Gewaltanwendung in Ehe- und Partnerbeziehungen verstanden. Dabei kann zwischen körperlicher Gewalt (u. a. Schlagen, Stoßen, Treten, Würgen, mit Gegenständen werfen), psychischer Gewalt (u. a. Beschimpfung, Demütigung, Drohung, Nötigung, Freiheitsberaubung, Kontrolle von Sozialkontakten), sexueller Gewalt (u. a. sexuelle Nötigung, Vergewaltigung, Zwang zur Prostitution) und sozial interaktiver Gewalt (u. a. Verbot der Arbeitsaufnahme, Zwang zur Arbeit, kein Zugang zum gemeinsamen Konto, Beschlagnahme des Lohns) unterschieden werden. In der überwiegenden Zahl der Fälle häuslicher Gewalt sind Frauen die Opfer und Männer die Täter. Hierbei ist allerdings zu bedenken, dass Frauen eher zu seelischen Formen der Gewalt greifen und diese weniger öffentlich bekannt werden.

Auch die Kinder gehören zu den Opfern von Gewalt in Ehe- und Partnerbeziehungen. Dies gilt selbst dann, wenn sie nicht unmittelbar körperlich betroffen sind. Gewalt zwischen Eltern schadet der kindlichen Psyche in mehrerer Hinsicht: Das positive Bild der beschützenden und fürsorglichen Eltern wird drastisch beschädigt. Die Identifikation mit dem Opfer (z. B. der Mutter) führt dazu, dass die Kinder die Situation so erleben, als wenn sie selbst die Gewalt erfahren hätten. Die Identifikation mit dem Täter (z. B. dem Vater) führt dazu, dass die Kinder Gewalt als wirksames Mittel der Konfliktlösung erleben und leichter Gefahr laufen, bei Konflikten selbst gewalttätig zu regieren. Die mit der Gewalt zwischen den Eltern häufig verbundene Instrumentalisierung der Kinder kann dazu führen, dass diese in einen Loyalitätskonflikt geraten, aus dem sie sich alleine nicht befreien können.

Fallbeispiel: „Der Papa hat die Mama an den Schrank gedrückt“

Ilayda ist dreieinhalb und seit acht Monaten in der Kita. Häufig wird sie von ihrer deutlich älteren Schwester gebracht, die sich dann rührend, aber auch ein wenig bevormundend um sie kümmert. Ihre Eltern stammen aus der Türkei. Der Vater ist bisher nur einmal beim Aufnahmegespräch gesehen worden. Wenn die Mutter Ilayda in die Kita bringt, verabschiedet sie sich von ihr meistens schon vor der Eingangstür, sodass für die Erzieherinnen ein Austausch mit ihr kaum möglich ist. Aus den Aufzeichnungen des Aufnahmegesprächs geht hervor, dass die Familie bereits längere Zeit in Deutschland lebt. Der Vater betreibt einen kleinen Imbiss, die Mutter arbeitet bei einer Gebäudereinigungsfirma.

In ihrer Gruppe hat Ilayda bisher kaum Kontakt mit anderen Kindern aufgenommen. Meist hält sie sich in der Nähe einer Erzieherin auf und beobachtet das Geschehen aus der Distanz. Oft sitzt sie einfach da, hat den Daumen im Mund und wirkt in sich gekehrt und abwesend. Lediglich beim gemeinsamen Musizieren taut sie etwas auf. Ungewöhnlich sind ihre langen Schlafenszeiten. Nach dem Mittagessen schläft sie meistens als erste ein und wacht oft erst nach mehr als zwei Stunden auf.

Als an einem Nachmittag zwei ältere Jungen vergnügt, aber lautstark miteinander raufen und eine Kissenschlacht beginnen, reagiert Ilayda darauf sehr heftig. Sie hält sich die Ohren zu und rennt panisch aus dem Raum. Kurz darauf wird sie von anderen Kindern im Garderobenbereich entdeckt, wo sie sich zwischen Mänteln versteckt hat, die Hände vor ihr Gesicht haltend. Eine Erzieherin nimmt sie beruhigend in den Arm. Wenig später kommt die große Schwester, um Ilayda abzuholen. Die Leiterin spricht sie auf die Situation an. Zunächst etwas zögerlich, aber dann immer deutlicher berichtet die Schwester von der häuslichen Situation: „Meine Eltern streiten sich. Immer wenn mein Papa nach Hause kommt, schreien sie sich an. Am Wochenende war es besonders schlimm. Mitten im Streit ist meine Mama in die Küche gegangen. Da hat er die Tür aufgemacht und sie an den Schrank gedrückt. Wir haben richtig Angst gehabt.“

Beim Teamgespräch einige Tage später sind die Meinungen geteilt. Während einige Erzieherinnen die Eltern zum Gespräch einladen wollen, vertreten andere die Auffassung, die Situation erst einmal weiter zu beobachten. „Ilayda ist ja bisher noch nichts passiert“, lautet ihr Argument.

Das Verhalten des Kindes verstehen

Beim nächsten Teamgespräch sollte ausführlich über die Situation von Ilayda und die möglichen Ursachen für ihr Verhalten gesprochen werden. Die folgenden Punkte könnten hierbei genannt werden: Es fällt auf, dass Ilayda am sozialen Leben der Kita kaum teilnimmt und sehr in sich gekehrt ist. Dabei scheint sie sich mit etwas zu beschäftigen, das aus dem Kontext der

Kinder leiden unter den Konflikten, auch wenn sie nicht unmittelbar von Gewalt betroffen sind.

Gruppe nicht erklärbar ist. Trotz ihrer Zurückgezogenheit fühlt sie sich in der Kita offenbar nicht gänzlich unwohl. Sie sucht die Nähe zur Erzieherin, findet Gefallen am Musizieren und nutzt die Schlafenszeit zur ausgiebigen Erholung. Ilayda ist nicht in der Lage, das spaßige Raufen der beiden älteren Jungen richtig zu interpretieren. Im Gegenteil, sie erlebt dieses als bedrohlich und rennt panisch aus dem Raum. Es kann angenommen werden, dass heftige Gefühle und laute Sprache – unabhängig von der Qualität der Gefühle und dem Inhalt der sprachlichen Äußerungen – bei ihr mit Angst und unangenehmen Erfahrungen verbunden sind. Der Bericht der Schwester macht die angespannte Situation zu Hause deutlich. Offenbar findet zwischen den Eltern und vor den Augen der Kinder heftiger und lautstarker Streit statt, in dessen Verlauf es zu körperlichen Übergriffen seitens des Vaters kommt. Da es sich bei den Eltern um die für die Kinder wichtigsten Bezugspersonen handelt, muss sich die Partnergewalt auch negativ auf die seelische Gesundheit der Kinder auswirken. Zudem kann nicht ausgeschlossen werden, dass sich die Gewalt auch auf die Kinder erstreckt. Bisher ist es der Kita nicht gelungen, über das Aufnahmegespräch hinaus mit den Eltern in einen regelmäßigen Austausch zu kommen. Da die Mutter auch dann den Kontakt mit den Erzieherinnen scheut, wenn sie ihre Tochter selbst in die Kita bringt, ist davon auszugehen, dass der mangelnde Austausch nicht nur an ihren möglicherweise ungünstigen Arbeitszeiten liegt. Der Vater hat mit Ausnahme des Aufnahmegesprächs bisher jeden Kontakt mit der Kita gemieden.

Das positive Bild der beschützenden und fürsorglichen Eltern wird drastisch beschädigt.

Eltern für Hilfen motivieren

Gewalt in Ehe und Partnerschaft wirkt sich negativ auf die im Haushalt lebenden Kinder aus. Da dies den Eltern nicht immer bewusst ist, sollte die Kita in einem ersten Schritt über die Folgen häuslicher Gewalt für die Kinder informieren. In einem zweiten Schritt sind die Eltern für Hilfen zu motivieren.
Im Fall von Ilayda sollten beide Eltern zeitnah zu einem Gespräch in die Kita eingeladen werden. Um die Wahrscheinlichkeit zu erhöhen, beide Eltern zu erreichen, ist es sinnvoll, schriftlich einzuladen. Die Leiterin könnte die Einladung z. B. wie folgt formulieren: „Sehr geehrter Herr (…), sehr geehrte Frau (…), wir machen uns Sorgen um Ilayda und möchten mit Ihnen beiden über Ihre Tochter sprechen. Wir laden Sie daher zu einem Gespräch am (…) von (…) bis (…) Uhr in den Kindergarten ein. Falls Ihnen diese Zeit nicht passt, können wir gerne einen anderen Termin vereinbaren." Bei nächster Gelegenheit sollte sie sich mündlich oder telefonisch vergewissern, ob der Termin wahrgenommen wird und ob beide Eltern teilnehmen.

Im Vorfeld des Gesprächs sollte geklärt werden, ob ein Dolmetscher notwendig ist. Ist dies der Fall, kann dieser entweder von der Kita bzw. vom Träger gestellt oder die Familie kann gebeten werden, hierfür eine Vertrauensperson zu benennen. Um die Privatsphäre der Eltern zu wahren, sollte die Rolle des Dolmetschers jedoch nicht von einem (älteren) Kind und auch nicht von einem anderen Elternteil aus der Kita wahrgenommen werden.
Das Gespräch sollte gemeinsam von der Leiterin und der für Ilayda zuständigen Erzieherin geführt werden. Die Erzieherin sollte den Eltern sachlich und ohne Schuldvorwürfe das Verhalten von Ilayda schildern und ihnen mitteilen, dass die Gründe dafür nicht in der Kita zu finden sind. Anschließend sollte die Leiterin die Eltern bitten, ihre Sicht darzustellen und dabei auch die familiäre Situation einzubeziehen. Sofern die Eltern über ihre Streitigkeiten zu Hause berichten, sollte eine der Fachkräfte erläutern, dass sich diese Konflikte auch dann ungünstig auf ihre Kinder auswirken, wenn diese nicht unmittelbar von Gewalt betroffen sind. Im weiteren Verlauf des Gesprächs muss überlegt werden, welche Lösungen möglich sind. Hierbei sollten die Möglichkeiten der Kita (z. B. eine besondere Zuwendung und Förderung von Ilayda sowie ein verstärkter Austausch mit den Eltern) eingebracht und die Eltern gebeten werden darzustellen, was sie selbst ändern können. Schließlich muss erörtert werden, ob weitere Hilfen (z. B. eine auf

Familien mit Migrationshintergrund spezialisierte Paarberatung) sinnvoll sind und angenommen werden können. Um Verständigungsschwierigkeiten zu vermeiden, sollten die Vereinbarungen am Ende des Gesprächs schriftlich formuliert werden. Ebenso ist der Verlauf des Gesprächs sorgfältig zu dokumentieren.
Falls sich die Konflikte zwischen den Eltern bereits so zugespitzt haben, dass ein gemeinsames Gespräch nicht möglich ist, kann versucht werden, getrennte Gespräche zu führen und die Ergebnisse anschließend beiden Eltern mitzuteilen. Generell gilt: Wenn ein Elternteil aufgrund eskalierender Gewalt Schutz vor dem anderen Elternteil sucht, kommen Maßnahmen nach dem Gewaltschutzgesetz in Betracht, über die die Eltern in einem solchen Fall in Kenntnis gesetzt werden sollten.

Wenn das Wohl des Kindes gefährdet ist

Manchmal ist im Zusammenhang mit Partnergewalt das Wohl eines Kindes direkt gefährdet. Das gilt besonders dann, wenn sich die Gewalt auch auf das Kind erstreckt, seine Versorgung nicht mehr gewährleistet ist, es massiv instrumentalisiert wird oder starke Furcht vor einem Elternteil äußert. Im Fall gewichtiger Anhaltspunkte für eine Kindeswohlgefährdung hat die Kita gemäß § 8a Abs. 4 SGB VIII eine insoweit erfahrene Fachkraft hinzuziehen, die Leitung und Team bei der Einschätzung des Gefährdungsrisikos für das Kind sowie bei der Planung des weiteren Vorgehens unterstützt. In akuten Notsituationen, wenn z. B. die Eltern aufgrund ihrer Gewalttätigkeit das Kind nicht mehr versorgen können oder das Kind aus Angst nicht nach Hause gehen will, kann eine Inobhutnahme unter Einbeziehung des Jugendamts oder notfalls das Einschalten der Polizei erforderlich sein.

Andere Formen

Eine für das betroffene Kind mit schwerwiegenden Folgen verbundene Form von Gewalt ist das Münchhausen-Stellvertreter-Syndrom, eine Kombination aus physischer und psychischer Misshandlung. Hier simulieren die Eltern bei ihrem (oft sehr kleinen) Kind eine Krankheit. Manchmal handelt es sich nur um erfundene Krankheitssymptome, manchmal werden jedoch auch körperliche Symptome herbeigeführt, um eine Krankheit vorzutäuschen. Häufig werden die Kinder daraufhin zahlreichen und schmerzhaften medizinischen Eingriffen unterzogen, die alle ohne organischen Befund bleiben. Ohne dies zu beabsichtigen, wirkt das medizinische Personal dadurch an der Misshandlung des Kindes mit. Im Unterschied zur körperlichen Misshandlung, bei der typischerweise ein Widerspruch zwischen den Befunden und den zur Erklärung von den Eltern dargestellten Geschichten besteht, wird im Fall des Münchhausen-Stellvertreter-Syndroms nicht nur die Geschichte erfunden, sondern auch die Krankheit selbst. Die Eltern bestreiten jegliche Kenntnis der Krankheitsursache und liefern ihr Kind dadurch langwierigen diagnostischen Prozeduren aus.

In akuten Notfällen kann eine Inobhutnahme des Kindes erforderlich sein.

Weitere, eher selten vorkommende Formen von Gewalt gegen Kinder sind bizarre und die Gesundheit gefährdende Ernährungsformen (z. B. makrobiotische Ernährung im ersten Lebensjahr, Verabreichung von Kaffee an kleine Kinder), erzwungener Drogenkonsum sowie das Vorenthalten lebensrettender medizinischer Maßnahmen (z. B. aus religiöser Überzeugung).

Formen von Kindeswohlgefährdung

- Körperliche Misshandlung
- Vernachlässigung
- Seelische Misshandlung
- Sexueller Missbrauch
- Schwere Suchtabhängigkeit der Eltern
- Schwere psychische Erkrankung der Eltern
- Hoch konflikthafte Trennung der Eltern
- Häusliche (Partner-)Gewalt
- Münchhausen-Stellvertreter-Syndrom

V. Ursachen und Folgen von Gefährdungen

Auch wenn die Ursachen von Gewalt gegen Kinder vielfältig sind, gibt es typische Muster, soziale Bedingungen, Beziehungskonstellationen und Krisensituationen, die sich wechselseitig verstärken und als Risikofaktoren an der Entstehung von Gefährdungen beteiligt sind. Der Schweregrad der Folgen für das Kind hängt auch von dessen Resilienz und dem Vorhandensein schützender Faktoren ab.

Multifaktorielle Ursachen

Gewalt gegen Kinder und die unterschiedlichen Formen von Kindeswohlgefährdung sind nicht monokausal erklärbar. Vielmehr handelt es sich um ein vieldimensionales, prozesshaftes Geschehen, an dem in der Regel mehrere Personen beteiligt sind und das in einen familiären, institutionellen und gesellschaftlich-kulturellen Kontext eingebettet ist. Gefährdungen entstehen multifaktoriell. Ihr Auftreten wird durch das Aufeinandertreffen verschiedener Risikofaktoren begünstigt. Kindesmisshandlung ist nicht allein ein Unterschichtproblem. Sie kommt aber in sozial benachteiligten Milieus aufgrund der größeren psychosozialen Belastung gehäuft vor. Soziale Not verringert die Chance, für ein Kind gut sorgen zu können. Auch kulturelle Anpassungsschwierigkeiten erhöhen das Risiko von Gewalt gegen Kinder, besonders dann, wenn eine mangelnde Verwurzelung in der Herkunftskultur begleitet wird von geringen Chancen der Integration in die Aufnahmekultur. Dabei ist allerdings nicht die Kultur „in sich und aus sich heraus kausal, sondern sie funktioniert in den je gegebenen Konstellationen von Risiko- und protektiven Faktoren" (Korbin 2002, S. 72). Nicht allein die Zugehörigkeit zu einer bestimmten Kultur erhöht also das Risiko von Gewalt, sondern kulturelle Einflüsse werden erst in Kombination mit anderen Faktoren wie z. B. prekären sozialen Verhältnissen oder massiven Integrationsproblemen wirksam.

Trotz vielfältiger und im Einzelfall sehr unterschiedlicher Faktoren, die für Kindesmisshandlung ursächlich sind, gibt es typische Muster, soziale Bedingungen, Beziehungskonstellationen und Krisensituationen, die sich wechselseitig verstärken und als Risikofaktoren an der Entstehung von Gewalt gegen Kinder und anderen Gefährdungen beteiligt sind. Zu unterscheiden sind

- psychosoziale Risikofaktoren,
- elterliche Risikofaktoren,
- auf das Kind bezogene Risikofaktoren und
- auslösende Faktoren.

Psychosoziale Risikofaktoren

Zu den psychosozialen Risikofaktoren gehören z. B. Arbeitslosigkeit, finanzielle und materielle Notlagen (sozialer Abstieg), Leistungsdruck bzw. berufliche Probleme, kulturelle Anpassungsschwierigkeiten, soziale Isolation und sehr enge Wohnverhältnisse.

Elterliche Risikofaktoren

Elterliche Risikofaktoren sind akute und chronische Belastungen wie Krankheit oder Sucht, Gewalterfahrungen in der eigenen Kindheit und mangelnde Bewältigungsstrategien sowie gravierende Beziehungs- und Partnerkonflikte. Gefährdungen entstehen auch, wenn Eltern einen rigiden Erziehungsstil (z. B. bei der Forderung nach einem elterlichen Züchtigungsrecht) oder einen inkonsistenten Erziehungsstil (z. B. bei unklarer Grenzsetzung oder dem häufigen Wechsel zwischen Verboten und Verwöhnung) verfolgen und wenn sie überhöhte oder unrealistische Erwartungen an das Kind stellen.

Auf das Kind bezogene Risikofaktoren

Faktoren, die mit der Geschichte und Konstitution des Kindes zusammenhängen, erhöhen oder verringern das Risiko einer Gefährdung und können dazu führen, dass gerade ein Kind unter mehreren in einer Familie besonders gefährdet ist (Aschenputtel-Syndrom). Zu den vorgeburtlichen (pränatalen) Risikofaktoren gehören unerwünschte Schwangerschaft, unklare Vaterschaft, geplanter, aber nicht realisierter Schwangerschaftsabbruch, kurz aufeinanderfolgende Schwangerschaften, Risiko-Schwangerschaft, Schwangerschafts-Depression, psychosoziale Krisen während der Schwangerschaft und sehr junge Elternschaft.

Kindeswohlgefährdungen entstehen multifaktoriell.

Risiken rund um die Zeit der Geburt (perinatale Risiken) sind Frühgeburt, Missbildung oder Behinderung des Kindes sowie die Trennung von Mutter und Kind nach der Geburt. Nachgeburtliche (postnatale) Faktoren, die das Risiko von Gewalt gegen das Kind erhöhen, sind kränkelnde Säuglinge, körperlich oder geistig behinderte Kinder, Kinder mit Gedeih- oder Regulationsstörungen (Schrei-, Ess- oder Schlafstörungen) sowie Kinder, die gegenüber der ursprünglichen Erwartung das „falsche" Geschlecht haben. Auch die Unterbrechung des natürlichen Bindungsaufbaus vor allem im ersten und zweiten Lebensjahr stellt ein Risiko dar.

Auslösende Faktoren
Auslösende Faktoren für Misshandlungen sind zumeist Stress- und Krisensituationen, die in psychischer Überforderung gipfeln. Geringfügige Anlässe im Zusammenspiel mit chronischen Belastungen führen zum Zusammenbruch des psychischen Gleichgewichts. In einem Krisenzyklus wird die äußere Realität überschätzt, die eigenen Handlungsmöglichkeiten werden dagegen unterschätzt. Ein Gefühl der Hilflosigkeit stellt sich ein, das sich in Aggression umwandelt, die sich dann auf Kosten des Kindes entlädt.
Zur offenen Gewalt gegen das Kind kann es typischerweise dann kommen, wenn die nachstehenden Voraussetzungen kumulativ gegeben sind: Ein in der Eltern- oder Pflegeperson vorhandenes Potenzial zur Misshandlung wird in Zusammenhang mit Erinnerungsresten an die in der eigenen Kindheit erlittene Schädigung aktiviert. Dieses aktivierte Potenzial wird durch die Begegnung mit einem ganz bestimmten Kind und durch das Fehlen jedweden stützenden Systems in Folge der eigenen Isolation oder der Unerreichbarkeit von Hilfsdiensten verstärkt und kommt im Zuge einer physischen, psychischen oder im Umfeld liegenden Belastung oder Krise zum Ausbruch (vgl. Helfer et al. 2002, S. 886).

Manche Folgen halten ein Leben lang an.

Folgen für das Kind
Die Folgen einer Gefährdung sind so vielfältig wie die zugrunde liegenden Formen. Ihr Schweregrad hängt unter anderem von der Resilienz (Widerstandsfähigkeit) des Kindes und vom Vorhandensein protektiver (schützender) Faktoren ab. Hierfür ist besonders wichtig, ob im Umfeld des Kindes – innerhalb oder außerhalb der Familie – eine Vertrauensperson vorhanden ist, die das Kind emotional unterstützen kann. Manche Kinder verkraften aufgrund konstitutioneller Faktoren oder biografischer Vorerfahrungen Gefährdungen besser oder schlechter als andere.
Eine wichtige Rolle spielt darüber hinaus, ob das Kind zusätzlich zu der ihm zugefügten Gewalt für die Misshandlung selbst verantwortlich gemacht wird bzw. sich dafür schuldig fühlt, oder ob die Verantwortung eindeutig beim Verursacher liegt. Manche Folgen können vorübergehender Natur sein, andere ein Leben lang anhalten. Besonders bei schweren Formen von Misshandlung betreffen die Folgen in der Regel die gesamte Persönlichkeit des Kindes. Zu unterscheiden sind
- körperliche Verletzungen,
- psychosomatische Störungen,
- intellektuell-kognitive Beeinträchtigungen,
- psychische Störungen,
- unspezifische Beeinträchtigungen und die
- posttraumatische Belastungsstörung.

Körperliche Verletzungen
Die mit einer Misshandlung verbundenen körperlichen Verletzungen reichen von Narben, Frakturen und organspezifischen Verletzungen über Gedeih- und Wachstumsstörungen bis hin zu Geschlechtskrankheiten und bleibenden Behinderungen.

Psychosomatische Störungen
Zu den psychosomatischen Störungen gehören unspezifische Kopf- und/oder Bauchschmerzen, Schlafstörungen, nicht organisch bedingtes Einnässen oder Einkoten sowie Ernährungsstörungen (Übergewicht, Adipositas, bei älteren Kindern und Jugendlichen auch Anorexie bzw. Bulimie).

Intellektuell-kognitive Beeinträchtigungen
Kinder, die Gewalt erfahren, sind häufig auch in ihrer intellektuellen Entwicklung beeinträchtigt. Zu den häufigen Folgen gehören kognitive Entwicklungsrückstände, Lern- und (später) Schulleistungsschwächen, Sprachstörungen und Pseudodebilität.

Psychische Störungen
Die psychischen Folgen von Gewalt sind vielfältig und beziehen sich auf die gesamte Persönlichkeitsentwicklung des Kindes. In der frühen Kindheit dominieren Verhaltensstörungen (z. B. unkontrollierbare Impulsivität) und Angstsyndrome (z. B. Albträume). Später können allgemeine Persönlichkeitsstörungen, Suchtprobleme, Delinquenz, sexuelle Störungen sowie Depressionen bis hin zur Suizidgefährdung hinzukommen. Nicht zuletzt zeigen sich die seelischen Folgen von Gewalt in einer erhöhten Gewaltbereitschaft des Kindes anderen Menschen gegenüber. Durch den psychischen Mechanismus der

Identifikation mit dem Aggressor werden aus gefährdeten später häufig gefährliche Kinder.

Unspezifische Beeinträchtigungen
Zu den deutlich umrissenen Störungen kommen unspezifische Beeinträchtigungen, unter denen manche Kinder bis weit ins Erwachsenenalter hinein leiden. Hierzu gehören ein schwach ausgebildetes Identitätsgefühl, eine begrenzte Fähigkeit zur Kommunikation (vor allem in Bezug auf die eigenen Gefühle), ein – häufig mit depressiven Verstimmungen einhergehendes – geringes Selbstwertgefühl, die begrenzte Fähigkeit, sich anderen Menschen zuzuwenden (oberflächliche und instabile Beziehungsgestaltung), erhebliche Versagensängste und die mangelnde Bereitschaft zum Versuch (die wiederum die Wahrscheinlichkeit des Versagens erhöht) sowie Schwierigkeiten, mit den üblichen Problemen des täglichen Lebens fertig zu werden.

Posttraumatische Belastungsstörung
Die multiplen und vielschichtigen Folgen nach schweren Traumata wie Misshandlung, Vernachlässigung oder sexuellem Missbrauch werden auch mit dem Begriff der Posttraumatischen Belastungsstörung (PTBS) beschrieben. Ein Trauma (Verletzung) ist dadurch gekennzeichnet, dass die dem Individuum zur Verfügung stehenden Bewältigungsmechanismen in Bezug auf den von außen kommenden Angriff versagen. Ein Gefühl des Überwältigtseins stellt sich ein, die Kontrolle über die Situation und das psychische Gleichgewicht brechen zusammen. Der Handlungsspielraum ist stark eingeschränkt, die inneren Bilder von sich selbst und von der Welt sind bedroht. Kinder, die unter einer posttraumatischen Belastungsstörung leiden, sind ständig auf der Hut, aus Angst, erneut Opfer einer Traumatisierung zu werden: Sie „leben permanent wie in einem Horrorfilm. Aus der Atmosphäre von solchen Filmen ist uns bekannt, dass in einer bestimmten, paranoid gefärbten Stimmung bereits Signale wie das Knacken einer Treppenstufe, ein zuschlagendes Fenster, eine Windböe oder ein wehender Vorhang eine akute Stressreaktion auslösen können“ (Streeck-Fischer et al. 2001, S. 20). Weitere mögliche Symptome sind z. B. Impulssteuerungsprobleme wie Jähzorn, überschießende Reaktionen, allgemeine Reizbarkeit sowie Selbstentfremdung. Gemeinsam ist allen Symptomen, dass sie eine sinnvolle („normale“) Reaktion auf eine in hohem Maße schädigende („unnormale“) Umwelt darstellen.
Eine einmalige und akute Traumatisierung (Typ-1-Trauma), z. B. ein Schädel-Hirn-Trauma infolge einer körperlichen Misshandlung oder der einmalige sexuelle Missbrauch durch eine dem Kind fremde Person, kann dabei von chronisch wiederkehrenden Traumatisierungen (Typ-2-Trauma), z. B. eine lang andauernde Vernachlässigung oder der wiederholte sexuelle Missbrauch durch eine dem Kind nahe stehende Person, unterschieden werden. Die seelischen Folgen eines Traumas nach Typ 2 sind meist weitaus schwerwiegender. Während die akute und einmalige Traumatisierung mit vollständiger Erinnerung bei möglichen Wahrnehmungsverzerrungen einhergeht, kommt es bei einer chronisch wiederkehrenden Traumatisierung zu Erinnerungsverlust, Verleugnung und psychischer Betäubung.

Aus gefährdeten Kindern werden später häufig gefährliche Kinder.

Da das Erleben eines Traumas stark subjektiv geprägt ist (u. a. ist es abhängig von den Vorerfahrungen) und die (sozialen) Folgen sehr unterschiedlich sein können, ist es irreführend, den Schweregrad der Traumatisierung für ein Individuum allein an der Intensität des auslösenden Ereignisses festzumachen: „Es gibt also einen hohen Anteil an Eigenbeteiligung des Traumatisierten, nicht nur in Bezug auf die Erlebnisbereitschaft oder die Bereitschaft, ein unangenehmes Erlebnis überhaupt mitzuteilen, sondern auch im Sinne eines aktiven Sichaussetzens gegenüber bestimmten Risikokonstellationen“ (Resch 2001, S. 109). Bekannt ist z. B., dass misshandelte Kinder das ihnen zugefügte Leid an anderen Orten unbewusst re-inszenieren und dadurch Gefahr laufen, erneut misshandelt zu werden, ohne dass ihnen dabei allerdings eine Mitverantwortung oder gar Mitschuld für die Misshandlung angelastet werden darf.

VI. Präventiver Kinderschutz

Neben der notwendigen Hilfe im Einzelfall gibt es zahlreiche präventive Möglichkeiten, das Klima in der Kita so zu beeinflussen, dass ein respektvoller Umgang zwischen Kindern und Erwachsenen gefördert wird und die Eltern angeregt und unterstützt werden, auch im familiären Bereich gewaltfrei zu erziehen.

Kinderrechtsansatz in der Arbeit mit Kindern

Kinder sind von Beginn an Träger eigener Rechte (vgl. Kapitel I und II). Sie sind daher nicht Objekt des Schutzes und der Fürsorge. Eine an den Kinderrechten orientierte Pädagogik respektiert das Kind als eigenständigen Träger von Schutz-, Förder- und Beteiligungsrechten. Kinderrechtsschutz ist insofern mehr als Kinderschutz.
Kinder als Rechtssubjekte zu verstehen, hat Folgen für alle, die in einer Kita tätig sind oder für sie Verantwortung tragen. Eine Konsequenz besteht darin, die Orientierung an den Rechten des Kindes als inneren Kern des Leitbilds der Kita zu formulieren. Weiterhin geht es darum, die Konzeption der Einrichtung an den Kinderrechten auszurichten und bei den Fachkräften eine kinderrechtsorientierte Haltung zu fördern. Leitbild und Konzeption werden am Vorrang des Kindeswohls (Grundbedürfnisse und Grundrechte) orientiert; der Respekt vor der Individualität jedes Kindes hat zentralen Stellenwert. Das Recht jedes Kindes auf gewaltfreie Erziehung wird darin ausdrücklich benannt. Die Eltern werden unaufgefordert mit dem Leitbild und der Konzeption der Einrichtung bekannt gemacht. In der Arbeit mit den Kindern spielen gleichermaßen Schutz, Förderung und Beteiligung eine ausgewogene Rolle.
Für diesen Prozess der Neuorientierung hat sich der Begriff des Kinderrechtsansatzes (Child Rights-Based Approach) etabliert. Wie jeder Menschenrechtsansatz beruht der Kinderrechtsansatz auf bestimmten Prinzipien. Vor allem vier grundlegende Prinzipien können unterschieden werden:

Das Prinzip der Universalität der Kinderrechte
Die Kinderrechte gelten weltweit in gleicher Weise für alle Kinder, unabhängig davon, in welcher Kultur oder Tradition sie leben, unabhängig auch davon, unter welchen Lebensumständen die Kinder aufwachsen. Alle Kinder sind hinsichtlich ihrer Rechte gleich. Nicht-Diskriminierung gehört zum Kernbestand der Menschen- und Kinderrechte.

Das Prinzip der Unteilbarkeit der Kinderrechte
Alle Rechte, die Kindern zustehen, sind gleich wichtig und eng miteinander verbunden. Das „Gebäude der Kinderrechte" ist als ganzheitliche Einheit zu verstehen. Keine Gruppe von Rechten ist wichtiger als eine andere. Quer zu allen Bereichen können Schutz-, Förder- und Beteiligungsrechte gleiche Geltung beanspruchen. So sind Kinder beispielsweise besser vor Gefährdungen geschützt, wenn sie ihre Rechte kennen und an den sie betreffenden Entscheidungen beteiligt werden.

Das Prinzip der Kinder als Träger eigener Rechte
Kinder sind Träger eigener Rechte. Diese Rechte müssen von ihnen nicht erworben oder verdient und sie können von ihnen auch nicht abgelegt oder veräußert werden. Sie stehen ihnen allein deshalb zu, weil sie Kinder sind.

Das Prinzip der Erwachsenen als Verantwortungsträger
Dem Prinzip der Kinder als Träger eigener Rechte korrespondiert die Pflicht der Erwachsenen, Verantwortung für die Umsetzung der Kinderrechte zu übernehmen. Erwachsene sind Pflichtenträger, von denen die Kinder die Umsetzung ihrer Rechte erwarten können. Für das Wohl des einzelnen Kindes sind in erster Linie die Eltern verantwortlich. Aber auch der Staat sowie die mit Kindern tätigen Institutionen und darüber hinaus alle in einer Gesellschaft lebenden Erwachsenen tragen Verantwortung für Kinderrechte.

Kennzeichnend für den Kinderrechtsansatz ist, dass nicht nur nach den Bedürfnissen, sondern gleichermaßen nach den Rechten von Kindern gefragt wird. Während Bedürfnisse subjektiv und situationsabhängig sind, handelt es sich bei den Rechten der Kinder um objektive, von einzelnen Situationen unabhängige Ansprüche. Der Kinderrechtsansatz bildet den Rahmen zur Ausrichtung des Handelns an den Prinzipien der UN-Kinderrechtskonvention (vgl. Kapitel II). Damit ist er ein auf die besonderen Bedürfnisse und spezifischen Rechte von Kindern ausgerichteter Menschenrechtsansatz.

Leitbild und Konzeption der Kita sollten sich an den Kinderrechten ausrichten.

Erziehungs- und Bildungspartnerschaft mit Eltern

Damit sich die beiden Systeme Familie und Kita optimal ergänzen, bedarf es einer engen und vertrauensvollen Erziehungs- und Bildungspartnerschaft. Wenn diese Partnerschaft gelingt, findet das Kind die besten Entwicklungsbedingungen vor: Familie und Kita öffnen sich füreinander, sind gemeinsam am Wohl des Kindes interessiert und bereichern sich wechselseitig. Sie wertschätzen sich, erkennen die Bedeutung der jeweils anderen Lebenswelt für das Kind an und teilen die Verantwortung für die Förderung der kindlichen Entwicklung.

Die Orientierung am Recht der Kinder auf gewaltfreie Erziehung ist ein wichtiger Bestandteil der Partnerschaft mit Eltern. Bereits im Aufnahmegespräch und bei der Vorstellung von Leitbild und Konzeption der Einrichtung sollte dieses Prinzip den Eltern erläutert werden. Eltern sollten auch darüber informiert werden, dass sie bei Bedarf – d. h. wenn sie sich über die Entwicklung ihres Kindes Sorgen machen oder Kritik an der Kita äußern möchten – ein extra anberaumtes Gespräch erwirken können. Umgekehrt gilt, dass auch die Kita ein außerordentliches Gespräch ansetzen kann, falls die Entwicklung des Kindes Anlass zur Sorge gibt, z. B. bei Anzeichen für eine Gefährdung. Eine solche Vereinbarung mit allen Eltern zu Beginn der Partnerschaft bettet den Kinderschutz in die Alltagsarbeit der Kita ein und ist zugleich ein wichtiger Bestandteil eines effektiven Beschwerdemanagements.

Weitere Elemente der Partnerschaft mit Eltern hinsichtlich gewaltfreier Erziehung sind den Alltag begleitende Tür-und-Angel-Gespräche, Elternabende zum Thema Prävention von Gewalt und sexuellem Missbrauch, die Einbeziehung des Kinderschutzes in die regelmäßigen Entwicklungsgespräche sowie die Bereitstellung schriftlicher Informationen zum Thema „Erziehung ohne Gewalt". Bewährt haben sich u. a. die Elternbriefe des Arbeitskreises Neue Erziehung (ANE) sowie der Film der Deutschen Liga für das Kind „Kinder sind unschlagbar – Keine Gewalt in der Erziehung" (s. Literatur).

Den Kinderschutz in die Arbeit der Kita einbetten

Präventive Angebote für die Kinder

Selbstbewusste Kinder, die sich wertgeschätzt fühlen und deren Meinung geachtet wird, sind besser vor Gefährdungen geschützt. Die Persönlichkeit der Kinder zur Entfaltung zu bringen und zu stärken, ist daher nicht nur ein zentrales Bildungsziel gemäß Art. 29 Abs. 1 der UN-Kinderrechtskonvention, sondern auch ein wichtiger Beitrag zur Gewaltprävention. Die Individualität jedes Kindes zu achten sowie Eigenaktivität und Selbstbestimmung der Kinder zu fördern, ist ein unverzichtbarer Bestandteil guter Elementarpädagogik. Zu den zu fördernden emotionalen und sozialen Kompetenzen gehören vor allem das Wissen der Kinder über Gefühle (Emotionswissen), ihre Fähigkeit, Gefühle auszudrücken und zu regulieren (Emotionsausdruck und -regulation) sowie die Kompetenz der Kinder, sich in einer Gruppe zu behaupten, mit anderen Kindern zu kooperieren und mit Konflikten angemessen und gewaltfrei umzugehen.

Die sozialen und emotionalen Erfahrungen in der Kita beeinflussen die Persönlichkeitsbildung der Kinder. „Inwieweit sich Kinder als aktive Mitglieder einer Gemeinschaft erleben können, die für die Rechte des Einzelnen eintritt und Mitgestaltung ermöglicht, aber auch Grenzen und Regeln markiert und diese erklärt, hat großen Einfluss auf die moralische Entwicklung und auf die politische Sozialisation des Kindes" (Maywald 2012, S. 126). Die Kita kann daher zu Recht als „Kinderstube der Demokratie“ (Hansen et al. 2004) bezeichnet werden. Wichtig ist vor allem, dass Kinder im Alltag beteiligt werden. Sie müssen das Gefühl haben, dass ihre Erfahrungen von Bedeutung sind und ihre Sicht der Dinge ernst genommen wird. Kitas sollten daher eine Gesprächs- und Beteiligungskultur etablieren, die gewährleistet, dass die Kinder an allen sie betreffenden Entscheidungen altersgerecht beteiligt werden. Strukturierte Morgenkreise, bei denen jedes Kind seine Meinung äußern kann, gehören ebenso dazu wie das gemeinsame Erarbeiten von Regeln für den Umgang mit Konflikten sowie Kinderkonferenzen zu bestimmten Themen. Die Stärkung der kindlichen Persönlichkeit und der vorbeugende Schutz vor Gewalt sind auch das Ziel von Bildungs- und Präventionsprogrammen, die strukturierte Gruppenangebote für Kinder in Kitas entwickelt haben. Empfehlenswerte Beispiele hierfür sind die Programme Faustlos (www.faustlos.de), Kindergarten plus (www.kindergartenplus.de) und Papilio (www.papilio.de).

Qualifizierung der Fachkräfte

Eine gute Qualifikation der pädagogischen Fachkräfte wirkt sich positiv auf den Schutz der Kinder vor Gefährdungen aus. Je besser Erzieherinnen in der Lage sind, Anzeichen für eine Gefährdung früh zu erkennen, die Risiken im Zusammenwirken mit anderen Fachkräften kompetent einzuschätzen und professionell zu handeln, desto größer sind die Chancen rechtzeitiger Hilfe. Eskalationen von Gewalt gegen Kinder können dadurch in vielen Fällen verhindert werden.

Eine Grundqualifizierung in Kinderschutzfragen, die eine Kinderrechtsgrundbildung einschließt, sollte Bestandteil sämtlicher pädagogischer Basisausbildungen sein. Um fachlich auf dem Laufenden zu bleiben, sind darüber hinaus regelmäßige Fortbildungen unabdingbar. Spezielle Schulungen sind für Leitungskräfte von Einrichtungen notwendig. In schwierigen Einzelfällen und bei Konflikten im Team oder zwischen Institutionen sollte Supervision zur Verfügung stehen. Die Qualifizierung der Fachkräfte muss den Schutz der Kinder vor Gewalt durch Professionelle in der Kita einschließen. Das Personal sollte regelmäßig über unfachliches Verhalten, unter dem Kinder zu leiden haben, aufgeklärt werden. Neben den nach dem Gesetz (§ 72a SGB VIII) bei der Einstellung und in regelmäßigen Abständen vorzulegenden polizeilichen Führungszeugnissen gehört hierzu auch der Aufbau von internen und externen Beschwerdemöglichkeiten gemäß § 45 Abs. 2 SGB VIII.

Lokale Netzwerke im Kinderschutz

Das Bundeskinderschutzgesetz sieht vor, flächendeckend verbindliche Strukturen der Zusammenarbeit aller Dienste und Einrichtungen im Bereich des Kinderschutzes aufzubauen (vgl. hierzu Kapitel VII, „Kooperation mit anderen Diensten und Einrichtungen“). Mitglieder dieser lokalen Netzwerke können u. a. sein: Jugendämter, Gesundheitsämter, Beratungs- und Frühförderstellen, Kitas, Schulen, Familienbildungsstätten, ÄrztInnen, Sozialpädiatrische Zentren, Krankenhäuser, Polizei und Familiengerichte. Ziel der Vernetzung ist es, „sich gegenseitig über das jeweilige Angebots- und Aufgabenspektrum zu informieren, strukturelle Fragen der Angebotsgestaltung und -entwicklung zu klären sowie Verfahren im Kinderschutz aufeinander abzustimmen“ (§ 3 Abs. 1 des Gesetzes zur Kooperation und Information im Kinderschutz, KKG). Die Verantwortung für die Organisation der Netzwerke liegt in der Regel beim Jugendamt.

Familie und Kita sind gemeinsam am Wohl des Kindes interessiert.

Die Mitarbeit in einem lokalen Netzwerk Kinderschutz ermöglicht es der Kita, sich unabhängig von der Kooperation im Einzelfall über die Angebote und Arbeitsweisen anderer Institutionen im Sozialraum zu informieren. Zugleich besteht Gelegenheit, die Bedeutung und Rolle der Kita vor allem im Bereich des präventiven Kinderschutzes deutlich zu machen. Nicht zuletzt können durch die Teilnahme an den Netzwerkveranstaltungen Informationen zu bestehenden Angeboten im Sinne einer „sozialen Landkarte“ zusammengetragen werden, die für Eltern in Not- und Krisensituationen von Nutzen sind.

VII. Hilfen bei Kindeswohlgefährdung

Die Kita ist verpflichtet, ihren gesetzlichen Schutzauftrag wahrzunehmen. Hierfür sind bei gewichtigen Anzeichen für eine Kindeswohlgefährdung bestimmte Schritte erforderlich. Zugleich gilt es, professionelle Gespräche mit betroffenen Kindern und Eltern zu führen und mit anderen Diensten und Einrichtungen zu kooperieren.

Professionelle Intervention

Die Gefährdung des Wohls eines Kindes kann bei pädagogischen Fachkräften heftige Gefühle von Wut, Angst und nicht selten Hilflosigkeit auslösen. Es entsteht das Bedürfnis, ein Kind schnell retten zu wollen. Da durch blinden Aktionismus jedoch weiterer Schaden zugefügt werden kann und jede Handlung oder Unterlassung mit gravierenden Folgen für Kind und Eltern verbunden ist, sind für pädagogische Fachkräfte in einer solchen Situation ruhige Überlegung, kollegialer Rat, interdisziplinärer Austausch sowie planmäßiges und abgestimmtes Vorgehen unerlässlich.
Im Mittelpunkt jeder Intervention steht die psychosoziale Hilfe und gegebenenfalls medizinische Versorgung für das betroffene Kind. Daneben benötigen die einzelnen Familienmitglieder und die Familie insgesamt Hilfe und Unterstützung. Manchmal müssen zum Schutz des Kindes zivilrechtliche Maßnahmen (z. B. eine Einschränkung des Sorgerechts nach § 1666 BGB) in Betracht gezogen werden. In wenigen besonders schweren Fällen ist außerdem eine strafrechtliche Verfolgung angezeigt.
Die hier angegebenen Interventionslinien zeigen bereits, dass beim Umgang mit Kindeswohlgefährdungen eine große Zahl von Berufsgruppen mit sehr unterschiedlicher Zielsetzung beteiligt sein kann. Unabdingbar sind daher eine professionelle Koordination (Case Management) sowie – entsprechend den unterschiedlichen Aufgaben – eine klare Abgrenzung, aber auch die Kooperation der verschiedenen Professionen. Für alle Beteiligten besonders wichtig ist eine eindeutige Unterscheidbarkeit zwischen denjenigen Interventionen, die auf Hilfe bzw. Behandlung und denjenigen, die im strafrechtlichen Sinne auf Verfolgung und Verurteilung des Täters hin orientiert sind. Eine Vermischung dieser grundsätzlich verschiedenen Ziele (z. B. wenn das Jugendamt oder die Kita sich „kriminalistisch" betätigen oder ein Staatsanwalt über therapeutische Maßnahmen urteilt) führt zu Verwirrung und unprofessioneller Grenzüberschreitung.
Eine Anzeigepflicht bei Kindeswohlgefährdung gegenüber Polizei oder Justiz existiert nicht. Allerdings besteht die – auch strafrechtlich relevante – Verpflichtung, ein Kind vor weiterem Schaden zu bewahren. Bedacht werden muss, dass diejenige Person, die sich zu einer Strafanzeige entschließt, in der Regel nicht weiter hilfeorientiert tätig sein kann, weil die Familie dies kaum zulassen wird. Eine einmal erstattete Anzeige kann nicht zurückgezogen werden, da Kindesmisshandlung als Offizialdelikt gilt und Polizei und Staatsanwaltschaft von sich aus jedem Hinweis nachgehen müssen.
Ausgangspunkt eines hilfeorientierten Vorgehens durch das Jugendamt oder andere Träger von Einrichtungen und Diensten der Kinder- und Jugendhilfe (darunter Kindertageseinrichtungen) ist das Recht des Kindes auf gewaltfreie Erziehung und auf die Gewährleistung von Mindestbedingungen in körperlicher, seelischer, intellektueller und moralischer Hinsicht. Der Schutz des Kindes vor einer Gefährdung dieser minimalen Ansprüche hat Vorrang vor anderen Überlegungen und muss notfalls durch eine familiengerichtliche Entscheidung auch gegen den Willen der Eltern bzw. Sorgeberechtigten durchgesetzt werden. Zugleich machen es die Grund- und Freiheitsrechte der Familie und ihrer einzelnen Mitglieder erforderlich, das Prinzip der Freiwilligkeit der Hilfe so weit wie möglich aufrechtzuerhalten. Soweit dies mit den Rechten des Kindes vereinbar ist, sollten die Integrität und der Schutz der Privatsphäre der Familie erhalten bleiben.

Unerlässlich ist eine professionelle Koordination der Hilfen.

Eine in manchen Fällen zur Sicherung des Kindeswohls notwendige Aufkündigung des Prinzips der Freiwilligkeit sollte der Familie gegenüber offen angekündigt und sachlich begründet werden.
Wenn die Eltern nicht gewillt oder in der Lage sind, ihr Kind ausreichend vor Gefahren für sein Wohl zu schützen, und Hilfen nicht angenommen werden oder erfolglos sind, stellt § 1666 BGB die zentrale Norm dar, nach der Kinderschutz notfalls gegen den Willen der Eltern gewährt werden kann und muss. Voraussetzung dafür ist, dass eine Gefährdung des körperlichen, geistigen oder seelischen Kindeswohls vorliegt. Der Maßstab für die Beurteilung, ob ein solcher Tatbestand gegeben ist, darf sich dabei nicht an optimalen Erziehungsstandards ausrichten, sondern an allgemeinen Mindestanforderungen.

Bewertungsprozesse

Sofern gewichtige Anhaltspunkte für eine Kindeswohlgefährdung vorliegen, ist eine Risikoeinschätzung vorzunehmen. Gefährdungssituationen sind zumeist in ein komplexes Geschehen eingebunden, bei dem die Persönlichkeit, Vorgeschichte und das Verhalten des Kindes und der Eltern, die Interaktionen zwischen dem Kind und seinen Eltern sowie die soziale und kulturelle Situation der Familie auf vielfältige Weise zusammenspielen.

Auch die Frage, ob die Eltern bereit und in der Lage sind, bestehende Probleme zu erkennen und Hilfen anzunehmen, spielt eine Rolle. Wichtige Faktoren, die in eine solche Risikomatrix eingehen sollten, sind:

- elterliche Kompetenz,
- körperliche und psychische Gesundheit der Eltern,
- Eltern-Kind-Interaktion (einschließlich Art und Qualität des Bindungsverhaltens),
- Faktoren, die mit dem Misshandlungsgeschehen selbst zu tun haben (z. B. Grad der Wiederholungsgefahr),
- Faktoren, die mit der Person des Kindes zu tun haben (Verhältnis von Risiko- und Schutzfaktoren),
- Bereitschaft der Eltern, Hilfe anzunehmen (Problem- und Hilfeakzeptanz),
- Stabilität der Familienbeziehungen und des sozialen Umfelds.

Ziel der Risikoeinschätzung ist eine Entscheidung darüber, ob es sich in dem gegebenen Fall um eine bloße „Nicht-Gewährleistung einer dem Wohl des Kindes oder Jugendlichen entsprechenden Erziehung" (§ 27 SGB VIII) handelt oder ob eine „Gefährdung des Kindeswohls" (§§ 8a SGB VIII, 1666 BGB) vorliegt.

Die Kita muss ihren Schutzauftrag wahrnehmen.

Wenn eine dem Wohl des Kindes entsprechende Erziehung nicht gewährleistet ist, aber (noch) keine Kindeswohlgefährdung vorliegt, haben die Eltern des Kindes gemäß § 27 Abs. 1 SGB VIII Anspruch auf Hilfe zur Erziehung. Welche Hilfe (z. B. Erziehungsberatung, Sozialpädagogische Familienhilfe, Vollzeitpflege, Heimerziehung) geeignet und notwendig ist, entscheidet das Jugendamt im Zusammenwirken mit Eltern und Kind. Sind die Eltern nicht bereit, Hilfe anzunehmen, obwohl sie darauf Anspruch haben, so bleibt nur die Möglichkeit, sie wiederholt zur Annahme von Hilfen zu motivieren. Eine (gerichtliche) Intervention gegen den Willen der Eltern ist ausgeschlossen, da das Wohl des Kindes nicht gefährdet ist.
Auch wenn die Risikoeinschätzung zu dem Ergebnis kommt, dass das Wohl des Kindes gefährdet ist, haben die Eltern gemäß § 27 Abs. 1 SGB VIII Anspruch auf Hilfe zur Erziehung. Allerdings liegt die Entscheidung über die Annahme von Hilfe in diesem Fall nicht mehr im Belieben der Eltern. Wenn die Eltern angebotene Hilfe nicht annehmen wollen oder können, obwohl das Wohl des Kindes gefährdet ist, ist eine familiengerichtliche Intervention gemäß § 1666 BGB erforderlich. Das Familiengericht kann Gebote oder Verbote aussprechen oder das Sorgerecht einschränken bzw. entziehen. In diesem Fall handelt es sich also um Hilfe in einem Zwangskontext.

Instrumente zur Risikoeinschätzung

Die Einschätzung, ob das Wohl eines Kindes gefährdet ist oder nicht, gehört zu den schwierigsten Entscheidungen, die in einer Kindertageseinrichtung zu treffen sind. Um die Kita bei dieser Aufgabe zu unterstützen, ist die Verwendung fachlicher Instrumente zur Risikoeinschätzung sinnvoll. Zwei Instrumente sind für den Gebrauch in der Kita zu empfehlen: die „Einschätzskala Kindeswohlgefährdung in Kindertageseinrichtungen (KiWo-Skala Kita)" und der „Wahrnehmungsbogen für den Kinderschutz. Version für Klein- und Vorschulkinder©". Beide Instrumente verfolgen ausdrücklich nicht das Ziel, eine Gefährdungseinschätzung im juristischen Sinne vorzunehmen, wozu Kitas auch gar nicht befugt sind. Sie können jedoch dabei helfen, die zu beobachtenden Anhaltspunkte für eine Gefährdung sachlich zu strukturieren und zu gewichten und auf diese Weise das weitere Vorgehen zu begründen.
Die „Einschätzskala Kindeswohlgefährdung in Kindertageseinrichtungen" wurde von der Forschungsgruppe Verhaltensbiologie des Menschen (FVM) im Auftrag des Kommunalverbandes für Jugend und Soziales (KVJS) Baden-Württemberg erarbeitet (Bensel et al. 2012). Die Materialien umfassen die Einschätzskala sowie ein Manual, in dem die Anwendung der Skala erläutert wird. Die Einschätzskala kann von einer pädagogischen Fachkraft allein oder von mehreren Erzieherinnen gemeinsam ausgefüllt werden. Die anhand der Skala zu erfolgende Bewertung der Situation und die Planung des weiteren Vorgehens sollen in jedem Fall gemeinsam mit der Leitung der Kita erfolgen. Die KiWo-Skala Kita unterscheidet drei Altersgruppen (0,4 –1,5 Jahre, 1,6–2,11 Jahre, 3–6,11 Jahre) und umfasst neun Unterpunkte. Sechs davon beziehen sich auf Auffälligkeiten beim Kind (Merkmale zu Gesundheitsfürsorge, Ernährung, Kleidung, Auffälligkeiten körperlicher Gewalteinwirkung, motorische und sprachliche Auffälligkeiten, Verhaltensauffälligkeiten), drei auf Auffälligkeiten im Elternverhalten (allgemeine Auffälligkeiten aufseiten der Eltern, Auffälligkeiten in der Beziehung zum Kind, Verhalten bei Ansprache auf Auffäl-

ligkeiten/Missstände). In Ergänzung zu den im Manual definierten Anhaltspunkten können bei Bedarf weitere Merkmale hinzugefügt werden. Anhand der angekreuzten Merkmale erfolgt dann eine Auswertung. Ergänzend zur Einschätzung der Gefährdung enthält die Skala die Möglichkeit, Faktoren der Familiengeschichte wie z. B. belastende Erfahrungen der Eltern sowie Risiken und Ressourcen im Lebensumfeld der Familie zu erfassen. Ergänzt wird das Instrument durch ein „Ablaufschema zum empfohlenen Vorgehen bei der Erfüllung des Schutzauftrags nach § 8a SGB VIII in Kindertageseinrichtungen".
Der „Wahrnehmungsbogen für den Kinderschutz. Version für Klein- und Vorschulkinder©" wurde von einer Arbeitsgruppe an der Klinik für Kinder- und Jugendpsychiatrie/Psychotherapie des Universitätsklinikums Ulm entwickelt (Künster et al. 2011). Der Fragebogen erfasst neun Formen von Kindeswohlgefährdung: erzieherische Vernachlässigung, (zahn-)medizinische Vernachlässigung, emotionale Vernachlässigung, körperliche Vernachlässigung, unterlassene Aufsicht, Aussetzung einer gewalttätigen Umgebung, emotionale Misshandlung, körperliche Misshandlung, sexueller Missbrauch. Ergänzend wird in drei weiteren Unterpunkten nach Belastungen in der Familie gefragt: soziale Belastungen in der Lebenssituation der Familie, erhöhte Fürsorgeanforderungen des Kindes, Fürsorgeverhalten von Mutter/Vater gegenüber dem Kind. Bei jedem Merkmal können drei mögliche Ausprägungen angekreuzt werden (ja, nein, nicht bekannt). Außerdem besteht die Möglichkeit, eventuell vorhandene Hinweise auf eine Kindeswohlgefährdung näher zu erläutern. Ein eigener Abschnitt enthält Definitionen der einzelnen Formen von Kindeswohlgefährdung mit erläuternden Beispielen. Weiterhin wird gefragt, ob nach Einschätzung der den Fragebogen ausfüllenden Fachkraft eine Kindeswohlgefährdung vorliegt oder nicht, wie sicher sich diese in ihrer Einschätzung fühlt und wie hoch das gegenwärtige Risiko für das Kind eingeschätzt wird.

Was muss die Kita konkret tun?

Gemäß § 8a Abs. 4 SGB VIII gehört es zu den Pflichtaufgaben von Kindertageseinrichtungen, bei Bekanntwerden gewichtiger Anhaltspunkte für die Gefährdung eines von ihnen betreuten Kindes eine Risikoeinschätzung (s. oben) vorzunehmen, dabei eine insoweit erfahrene Fachkraft hinzuzuziehen sowie die Eltern bzw. Sorgeberechtigten und das Kind in die Gefährdungseinschätzung einzubeziehen, soweit hierdurch der wirksame Schutz des Kindes nicht in Frage gestellt wird. Sämtliche den Schutzauftrag bei Kindeswohlgefährdung betreffenden Regelungen sind in einer schriftlichen Vereinbarung zwischen dem Träger der Kindertageseinrichtung und dem zuständigen Jugendamt niederzulegen. Diese Vereinbarung sollte insbesondere enthalten:

- Verfahrensabläufe gemäß § 8a Abs. 4 SGB VIII,
- Regelungen zur Erhebung, Verwendung und zum Schutz von Sozialdaten gemäß §§ 61 ff. SGB VIII, durch die unter anderem sichergestellt wird, dass der Datenschutz dem Schutz des Kindes nicht entgegensteht und diesen nicht behindern darf,
- Regelungen zur Eignung von in der Kindertageseinrichtung tätigem Personal gemäß § 72a SGB VIII, um zu gewährleisten, dass keine Personen beschäftigt werden, die wegen bestimmter Straftaten mit Kindesbezug verurteilt worden sind.

Der Vereinbarung sollte eine Liste mit den Namen und Adressen der insoweit erfahrenen Fachkräfte beigefügt werden.

Erkennen einer Gefährdung
Der Gesetzgeber verlangt von den in Kindertageseinrichtungen tätigen Fachkräften, dass sie in der Lage sind, gewichtige Anhaltspunkte für eine Kindeswohlgefährdung zu erkennen. Es sollen also nicht nur bereits eingetretene Schädigungen eines Kindes erkannt werden, sondern es geht ebenso darum, präventiv Gefährdungen wahrzunehmen, um rechtzeitig Hilfen anbieten zu können. Um diesen Anforderungen zu entsprechen, dürften in zahlreichen Fällen zusätzliche Fortbildungen für die Erzieherinnen erforderlich sein.

Zentrale Norm: § 8a SGB VIII

Gespräch im Team und mit der Leitung

Für den Umgang mit Kindeswohlgefährdungen gilt das Vier-Augen-Prinzip, das heißt, an den Entscheidungen müssen mindestens zwei Fachkräfte beteiligt sein, darunter in der Regel die Leitung der Einrichtung. Noch besser ist ein Gespräch im Team – unter Einbeziehung der Leitung –, in dem die Beobachtungen von mehreren Seiten zusammengetragen werden und eine erste Einschätzung der Situation erfolgen kann. Je nach Situation sollte der kollegiale Austausch zeitnah, bei Bedarf noch am selben Tag erfolgen.

Die insoweit erfahrene Fachkraft übernimmt keine Fallverantwortung.

Hinzuziehen einer „insoweit erfahrenen Fachkraft“

Da nicht erwartet werden kann, dass Erzieherinnen mit Fällen von Verdacht auf Kindeswohlgefährdung routiniert umgehen können, hat der Gesetzgeber die Einrichtungen verpflichtet, in diesen Fällen eine insoweit (in Sachen Kindeswohlgefährdung) erfahrene Fachkraft hinzuzuziehen. Diese Fachkraft kann sowohl vonseiten des Trägers als auch von außerhalb (z. B. aus einer Erziehungsberatungsstelle oder vom Jugendamt) gestellt werden. Die insoweit erfahrene Fachkraft ist ausschließlich beratend tätig und übernimmt keine Fallverantwortung. Auch die Dokumentation des Falls erfolgt nicht durch diese Fachkraft, sondern bleibt Aufgabe der Kindertageseinrichtung. Wenn die beratende Fachkraft Mitarbeiterin des Jugendamts ist, sollte die Beratung ohne Namensnennung des betroffenen Kindes und seiner Familie – das heißt, pseudonymisiert oder anonymisiert – erfolgen, um die Familie nicht vorschnell und ohne deren Kenntnis dem Jugendamt zu melden. Nicht jede insoweit erfahrene Fachkraft verfügt über Erfahrungen mit sämtlichen Formen von Kindeswohlgefährdung. Es empfiehlt sich daher, bereits bei deren Auswahl auf die Besonderheiten der jeweiligen Gefährdung zu achten.

Hinwirkung auf die Inanspruchnahme von Hilfen

In vielen Fällen können Eltern bei ersten Anzeichen für eine Gefährdung oder auch im Anschluss an eine Kindesmisshandlung erfolgreich für die Inanspruchnahme von Hilfen motiviert werden. Die Kita als niederschwellige, den Eltern aus dem Alltag vertraute Einrichtung ist hierfür besonders geeignet. Ihr kommt eine wichtige Lotsenfunktion zu, um Eltern den Zugang zu geeigneten Hilfsangeboten zu eröffnen. Dies setzt voraus, dass die pädagogischen Fachkräfte und besonders die Leitung die in der Region vorhandenen Hilfsangebote möglichst aus eigener Anschauung kennen und den Eltern entsprechende Adressen bzw. Ansprechpersonen vermitteln können. Besonders wenn die Eltern von sich aus eine Kontaktaufnahme scheuen, kann es sinnvoll sein, ein erstes Gespräch gemeinsam mit der vermittelten Stelle oder Einrichtung zu führen. Neben der Anbahnung von Hilfen gehört es zu den Aufgaben der Kita, festzustellen, ob die angenommenen Hilfen ausreichend erscheinen, um die Gefährdung des Kindes abzuwenden. Hierfür bedarf es verbindlicher (in der Regel schriftlicher) Absprachen zwischen den Eltern, der Kita und den Hilfe leistenden Diensten oder Einrichtungen, in denen die Verfahrensweise einer wechselseitigen Rückmeldung festgelegt ist. Eine solche schriftliche Vereinbarung könnte z. B. wie folgt lauten: „Die Beteiligten vereinbaren, dass der Hilfe leistende Dienst der Kindertageseinrichtung alle zwei Monate mitteilt, ob die Hilfe in Anspruch genommen wird. Eine Mitteilung erfolgt auch, wenn die Hilfe nicht ausreicht, um bestehende Gefährdungen für das Kind abzuwenden.“

Meldung an das Jugendamt in bestimmten Fällen

Wenn Eltern eine für erforderlich gehaltene Hilfe ablehnen oder die von ihnen angenommenen Hilfen nicht ausreichend erscheinen, um die Gefährdung des Kindes abzuwenden, muss die Kita das Jugendamt informieren. Um nicht eine Herausnahme des Kindes aus der Einrichtung zu provozieren, sollte eine solche Information möglichst nicht hinter dem Rücken der Eltern, sondern in einem gemeinsamen Gespräch zwischen Eltern, Jugendamt und Kita-Leitung erfolgen. Ein solches Gespräch an einem Tisch ist am besten geeignet, den MitarbeiterInnen des Jugendamts – falls erforderlich mit Unterstützung des Familiengerichts – doch noch Wege der Hilfe für Kind und Eltern zu eröffnen. Wenn die Eltern allerdings zu einem solchen gemeinsamen Gespräch nicht bereit oder in der Lage sind, muss das Jugendamt auch ohne Zustimmung der Eltern informiert werden.

Hilfen bei Kindeswohlgefährdung – Was pädagogische Fachkräfte beachten sollten

(1) Wenn Sie aufgrund von körperlichen Symptomen oder des Verhaltens eines Kindes Anzeichen für eine Kindeswohlgefährdung erkennen oder das Kind Ihnen von Gefährdungen berichtet, nehmen Sie Ihre Beobachtungen bzw. die Äußerungen des Kindes ernst, aber dramatisieren Sie sie nicht. Hören Sie dem Kind aufmerksam zu, aber stellen Sie ihm keine bohrenden Fragen und legen Sie ihm Ihre Vermutungen nicht in den Mund.

(2) Suchen Sie zeitnah (je nach Situation noch am selben Tag) das kollegiale Gespräch, auch mit der Leitung der Einrichtung. In diesem Gespräch kann eine erste Einschätzung erfolgen und das weitere Vorgehen abgesprochen werden.

(3) Sofern sich die Anhaltspunkte für eine Kindeswohlgefährdung verfestigen, bitten Sie als Leiterin eine „insoweit erfahrene Fachkraft" zu einem Gespräch. Nehmen Sie mit ihrer Unterstützung eine Risikoeinschätzung vor und planen Sie das weitere Vorgehen.

(4) Laden Sie als Leiterin die Eltern zeitnah zu einem Gespräch ein, in dem Sie – zusammen mit der für das Kind zuständigen Fachkraft – Ihre Beobachtungen und Sorgen mitteilen, die Sichtweise der Eltern anhören und bei den Eltern gegebenenfalls auf die Inanspruchnahme geeigneter Hilfen hinwirken.

(5) Eine allgemeine Meldepflicht gegenüber dem Jugendamt besteht nicht. Wenn die Eltern jedoch keine Hilfe annehmen oder die angenommenen Hilfen nicht ausreichend erscheinen, um eine bestehende Gefährdung abzuwenden, ist es Ihre Aufgabe, das Jugendamt zu informieren. Die Eltern sollten darüber möglichst vorab in Kenntnis gesetzt werden – es sei denn, dies erhöht die Gefahr für das Kind.

(6) Eine Strafanzeige ist nur in seltenen Fällen und nur nach sorgfältiger Abwägung sinnvoll. Sie sollten sie dann in Betracht ziehen, wenn bei einer schweren Misshandlung ein Fremdtäter in Frage kommt oder niemand in der Familie die Verantwortung für das Geschehen übernimmt. Eine Anzeigepflicht besteht nicht.

(7) Dokumentieren Sie sämtliche Handlungsschritte und Gesprächsergebnisse sorgfältig.

Handeln in akuten Krisensituationen

Wenn eine dringende Gefahr für das Wohl eines Kindes besteht, kommt eine Inobhutnahme nach § 42 Abs. 1 SGB VIII, z. B. in einem Kindernotdienst oder einer Bereitschaftspflegestelle, in Betracht. Die Inobhutnahme kann nur durch das Jugendamt erfolgen – notfalls auch gegen den Willen der Eltern, sofern eine familiengerichtliche Entscheidung nicht rechtzeitig herbeigeführt werden kann. Falls das Kind körperlich verletzt wurde, ist auch zu klären, ob eine medizinische Untersuchung und differenzialdiagnostische Abklärung oder gegebenenfalls ein stationärer Klinikaufenthalt des Kindes erforderlich ist. Über die eventuelle Fortführung der Inobhutnahme muss zeitnah das zuständige Familiengericht entscheiden; es sei denn, die Eltern stimmen von sich aus einer weiterhin notwendigen Unterbringung des Kindes zu.

Wann ist eine Strafanzeige sinnvoll?

In bestimmten Fällen sollte, nach sorgfältiger Abwägung und möglichst nach vorheriger Abstimmung mit dem Jugendamt, eine Strafanzeige erfolgen. Dies kommt vor allem in schweren Fällen von Misshandlung in Betracht, wenn der vermutete Täter bzw. die Täterin nicht aus dem Kreis der Familie stammt (sogenannte Fremdtäter) oder wenn trotz offensichtlicher schwerer innerfamiliärer Misshandlung kein Familienmitglied bereit ist, die Verantwortung dafür zu übernehmen.

Kooperation mit anderen Diensten und Einrichtungen

Wenn bei gewichtigen Anzeichen für eine Kindeswohlgefährdung die Eltern und die Kita allein nicht in der Lage sind, die Gefährdung abzuwenden, ist die Zusammenarbeit mit anderen Diensten und Einrichtungen erforderlich. Normalerweise erfolgt dies in Absprache und mit Zustimmung der Eltern. Falls sich die Eltern allerdings trotz gewichtiger Anzeichen für eine Gefährdung einer Kooperation mit anderen Diensten oder Einrichtungen verweigern, ist die Kita verpflichtet, das Jugendamt – nicht jedoch andere Dienste und Einrichtungen – auch ohne Zustimmung der Eltern einzubeziehen.

Jugendamt

Als Träger des staatlichen Wächteramtes hat das Jugendamt im Rahmen seiner sogenannten Garantenpflicht den Schutzauftrag bei Kindeswohlgefährdung in besonderer Weise wahrzunehmen. Zu den Aufgaben des Jugendamtes gemäß § 8a Abs. 1 SGB VIII gehört es, allen ihm bekannt werdenden gewichtigen Anhaltspunkten für die Gefährdung des Wohls eines Kindes nachzugehen und das Gefährdungsrisiko im Zusammenwirken mehrerer Fachkräfte nach professionellen Standards einzuschätzen. Bei der Einschätzung des Gefährdungsrisikos hat das Jugendamt die Erziehungsberechtigten und das Kind einzubeziehen und sich in der Regel einen unmittelbaren Eindruck von dem Kind und seiner persönlichen Umgebung (Hausbesuch) zu verschaffen. Sofern Hilfen zur Abwendung der Gefährdung geeignet und notwendig erscheinen, hat es diese den Erziehungsberechtigten anzubieten. Nach § 8a Abs. 2 SGB VIII muss das Jugendamt das Familiengericht anrufen, wenn es dies für erforderlich hält. Dies gilt auch für den Fall, dass die Eltern nicht bereit oder in der Lage sind, bei der Einschätzung des Gefährdungsrisikos mitzuwirken, das heißt, wenn dem Jugendamt „die Tür verschlossen bleibt". Sofern eine dringende Gefahr für ein Kind besteht und eine Entscheidung des Gerichts nicht abgewartet werden kann, muss das Jugendamt das Kind in Obhut nehmen. Wenn es zur Abwendung einer Gefährdung erforderlich ist, muss das Jugendamt außerdem gemäß § 8a Abs. 3 SGB VIII bei den Erziehungsberechtigten auf die Inanspruchnahme anderer Dienste und Einrichtungen der Kinder- und Jugendhilfe, der Gesundheitshilfe und gegebenenfalls der Polizei hinwirken. Es kann diese anderen Dienste und Einrichtungen notfalls auch ohne Zustimmung der Eltern einschalten.

Kooperation ist notwendig

Weiterhin muss das Jugendamt gemäß § 8a Abs. 4 SGB VIII mit den Trägern von Einrichtungen und Diensten der Kinder- und Jugendhilfe – darunter Kindertageseinrichtungen – Vereinbarungen zur Wahrnehmung des Schutzauftrags schließen. Durch diese Vereinbarungen soll sichergestellt werden, dass (1) die Fachkräfte in diesen Einrichtungen und Diensten bei Bekanntwerden gewichtiger Anhaltspunkte für die Gefährdung eines von ihnen betreuten Kindes eine Gefährdungseinschätzung vornehmen, (2) bei der Gefährdungseinschätzung eine insoweit erfahrene Fachkraft beratend hinzugezogen wird sowie (3) die Erziehungsberechtigten sowie das Kind oder der Jugendliche in die Gefährdungseinschätzung einbezogen werden, soweit hierdurch der wirksame Schutz des Kindes oder Jugendlichen nicht infrage gestellt wird.
In die Vereinbarung ist neben den Kriterien für die Qualifikation der beratend hinzuzuziehenden insoweit erfahrenen Fachkraft insbesondere die Verpflichtung aufzunehmen, dass die Fachkräfte der Träger bei den Erziehungsberechtigten auf die Inanspruchnahme von Hilfen hinwirken, wenn sie diese für erforderlich halten, und das Jugendamt informieren, falls die Gefährdung nicht anders abgewendet werden kann. Schließlich ist das Jugendamt gemäß § 8a Abs. 5 SGB VIII zur Zusammenarbeit und zum Datenaustausch mit anderen Jugendämtern verpflichtet, sofern dies zur Wahrnehmung seines Schutzauftrags erforderlich ist.

Kinder- und Jugendgesundheitsdienst
Der Kinder- und Jugendgesundheitsdienst (KJGD) ist eine Abteilung oder ein Sachgebiet der (kommunalen) Gesundheitsbehörden bzw. des Gesundheitsamtes und insofern Teil des öffentlichen Gesundheitsdienstes. Zu den Aufgaben des KJGD gehören Untersuchungen und Beratungen in Kindertageseinrichtungen, darunter die Schuleingangs- bzw. Vorschuluntersuchungen. Die im KJGD tätigen Fachkräfte (KinderärztInnen und ArzthelferInnen) sind untersuchend und beratend, nicht jedoch therapeutisch tätig. Im Bereich des Kinderschutzes können sie beratend hinzugezogen werden, soweit medizinische Fragen (z. B. zum körperlichen Entwicklungsstand eines Kindes) auftreten.

Erziehungsberatungsstellen
Erziehungsberatung ist gemäß § 28 SGB VIII eine Leistung der Kinder- und Jugendhilfe im Kontext der Hilfen zur Erziehung. Sie richtet sich an Kinder und deren Eltern und hat das Ziel, individuelle und familienbezogene Probleme zu klären und zu bewältigen. Erziehungsberatung kann von Kindern und ihren Eltern bei Beratungsstellen direkt in Anspruch genommen oder im Rahmen eines Hilfeplanverfahrens vom Jugendamt als geeignete Hilfe vermittelt werden. Als Hilfe zur Erziehung setzt Erziehungsberatung die Feststellung eines erzieherischen Bedarfs gemäß § 27 SGB VIII voraus, der die Notwendigkeit der Hilfeleistung begründet. Die Inanspruchnahme von Erziehungsberatung erfolgt freiwillig, ist kostenlos und vertraulich.

Familiengericht
Das Familiengericht ist Teil des Amtsgerichts. Es ist unter anderem zuständig für die im Zusammenhang mit einer Scheidung zu regelnden Angelegenheiten, für den Entzug oder die Einschränkung der elterlichen Sorge und für die Erteilung von Geboten oder Verboten, wenn Eltern ihren Erziehungspflichten schuldhaft oder auch unverschuldet nicht nachkommen. Jede Person oder Institution, die eine Gefährdung des Wohls eines Kindes vermutet, kann sich an das Familiengericht wenden. In der Praxis wird das Familiengericht bei gewichtigen Anzeichen für eine Kindeswohlgefährdung vor allem von den Jugendämtern angerufen, wenn angebotene Hilfen nicht in Anspruch genommen werden oder nicht ausreichen, um der Gefährdung wirkungsvoll zu begegnen. Wenn dem Familiengericht eine mögliche Kindeswohlgefährdung bekannt wird, soll es gemäß § 157 des Gesetzes über das Verfahren in Familiensachen und in den Angelegenheiten der freiwilligen Gerichtsbarkeit (FamFG) ein sogenanntes Erörterungsgespräch einberufen, zu dem die Eltern, das Kind (in geeigneten Fällen) sowie das Jugendamt geladen werden. In diesem Gespräch wird erörtert, wie einer möglichen Gefährdung des Kindeswohls, insbesondere durch öffentliche Hilfen, begegnet werden kann und welche Folgen die Nichtannahme notwendiger Hilfen haben kann.

KinderärztInnen und Kliniken
Zu den Aufgaben der niedergelassenen bzw. in einer Klinik tätigen FachärztInnen für Kinder- und Jugendmedizin gehören Prävention, Beratung, Diagnostik, Behandlung und Rehabilitation. Die Diagnostik und Behandlung körperlicher Folgen von Gewalt gegen Kinder ist Bestandteil des Aufgabenspektrums. Normalerweise erfolgt das Aufsuchen eines Kinderarztes durch die Eltern. In akuten Notsituationen, die keinen Aufschub dulden, und wenn die Eltern nicht erreichbar sind, können pädagogische Fachkräfte sich direkt an einen Kinderarzt bzw. eine Klinik wenden. Die Eltern müssen dann baldmöglichst darüber informiert werden.

Polizei
Aufgaben der Polizei sind Gefahrenabwehr und Strafverfolgung. Im Bereich des Kinderschutzes spielt die Polizei in akuten oder unmittelbar zu erwartenden Gefahrensituationen eine wichtige Rolle; zum Beispiel wenn sich ein sehr junges Kind offensichtlich alleine in einer Wohnung befindet und dadurch Gefahren ausgesetzt ist, oder wenn ein stark alkoholisierter Elternteil ankündigt, sein Kind im Auto zu befördern. Bei der Entscheidung, die Polizei zu informieren, ist zu beachten, dass diese nach dem sogenannten Legalitätsprinzip zur Ermittlung und Weitergabe von Angaben an die Staatsanwaltschaft verpflichtet ist, sobald Anzeichen für einen Straftatbestand wie zum Beispiel die Verletzung der Fürsorge- oder Erziehungspflicht gemäß § 171 Strafgesetzbuch (StGB) oder die Misshandlung von Schutzbefohlenen gemäß § 225 StGB erkennbar sind.

Das Jugendamt ist Träger des staatlichen Wächteramtes.

Gesprächsführung mit betroffenen Kindern

Kinder, denen Gewalt angetan wurde oder die aus anderen Gründen unter der familiären Situation leiden, befinden sich in einer schwierigen Situation. Einerseits benötigen sie einfühlsame Erwachsene, denen sie sich mitteilen können, bei denen sie Trost und Verständnis finden und die dazu beitragen, ihre Lage zu verbessern. Andererseits versuchen sie genau dies zu vermeiden, um nicht die Loyalität gegenüber ihrer Familie aufzugeben, ihre wichtigsten Bezugspersonen zu „verraten“ und sich gegen die eigenen Eltern zu stellen. Gerade wenn die Kinder noch jung sind, fühlen sie sich in der Regel schuldig für das, was ihnen angetan wurde: „Wie schlecht muss ich sein, dass meine Eltern mich so behandeln“, lautet ihre Schlussfolgerung.
Aufgabe der Fachkräfte in Kitas ist es, die Signale gefährdeter Kinder ernst zu nehmen, ihren verbalen und nonverbalen Äußerungen Glauben zu schenken und ihnen

verständlich zu machen, dass die Einrichtung daran mitwirkt, die Gefährdung zu beenden. Dabei geht es nicht darum, beim Kind auf kriminalistische Weise nachzufragen oder gar Anteile für schuldhaftes Verhalten zu ermitteln. Ziel der Gespräche mit Kindern in Gefährdungssituationen ist vielmehr, die Kinder zu entlasten, ein möglichst genaues Bild ihrer Situation zu erhalten und dadurch eine gute Grundlage für die Gespräche mit den Eltern zu bekommen, um auf diese Weise Hilfen zu ermöglichen. In entspannten, Schutz bietenden Situationen sind Kinder erstaunlich gut in der Lage, unbefangen über belastende Erlebnisse zu sprechen, die bei ihnen Gefühle wie Angst, Wut, Hilflosigkeit oder Trauer auslösen. Wichtig hierbei ist, dass die pädagogischen Fachkräfte selbst offen für diese Themen sind und nicht eigene Ängste den Zugang erschweren. Damit wichtige Äußerungen des Kindes auch außerhalb der eigenen Gruppe nicht verloren gehen, ist ein beständiger Austausch im Gesamtteam der Einrichtung unabdingbar.

Das Spiegeln der kindlichen Äußerungen signalisiert Verständnis und Unterstützung.

Kindgerechte Kommunikation

Eine kindgerechte Kommunikation baut auf den Dialog zwischen Kind und pädagogischer Fachkraft. Dem Kind wird gezeigt, dass es mit seinen Äußerungen ernst genommen und in Konfliktsituationen unterstützt wird. Altersgerechte Kommunikation berücksichtigt das Ausdrucks- bzw. Symbolisierungsvermögen des Kindes, den Stand seines Wissens, die persönliche Aufmerksamkeitsspanne sowie emotionale Aspekte. Besonders bei Gesprächen mit jungen Kindern sollten die folgenden Gesichtspunkte beachtet werden (vgl. Delfos 2004, S. 98):

- Dafür sorgen, dass das Kind sich wohlfühlt. Auf körperliche Signale eingehen (z. B. nicht zu lange still sitzen). Nicht länger als 10 bis 15 Minuten sprechen.
- Die Augenhöhe des Kindes einnehmen und es immer wieder anschauen, während man spricht. Blickkontakt herstellen, diesen aber auch unterbrechen (Raum für Rückzug geben).
- Reden mit Spielen kombinieren (aus einer Spielhandlung in ein Gespräch kommen).
- Metakommunikation nutzen, d. h. das kommunikative Geschehen zwischenzeitlich aus der Sicht eines Beobachters kommentieren (z. B. „Ich merke, dass du müde bist. Vielleicht können wir morgen weiterreden.").
- Nonverbale Kommunikationsformen wie Mimik und Gestik nutzen.
- So konkret wie möglich formulieren, kurze Sätze verwenden und schwierige Worte erklären. Dem Kind Hilfen bei der Formulierung geben.
- Das Kind ermutigen, zu erzählen, was es empfindet oder will, weil man es sonst nicht weiß.
- Dem Kind aufmerksam zuhören und ihm die nötige Zeit lassen.
- Durch Wiederholung der Äußerungen des Kindes und anhand von Beispielen deutlich machen, dass verstanden wurde, was das Kind sagen will.
- Darauf hinweisen, dass man das Gespräch unterbricht und später fortsetzen wird, sobald man merkt, dass das Kind nicht (mehr) bei der Sache ist.
- Deutlich das Ende eines Gesprächs markieren. Dafür sorgen, dass ein Kind nach einem schwierigen Gespräch wieder zu sich kommt.

Kindliche Äußerungen spiegeln

Die wichtigste Möglichkeit, einfühlsam zu reagieren, besteht darin, dem Kind nonverbal und verbal das zurückzuspiegeln, was es an sachlichen und emotionalen Inhalten ausgedrückt hat (vgl. Maywald & Valentien 2008, S. 34 ff.). Ein Großteil dieser Spiegelungen geschieht intuitiv. So atmet die Erzieherin zum

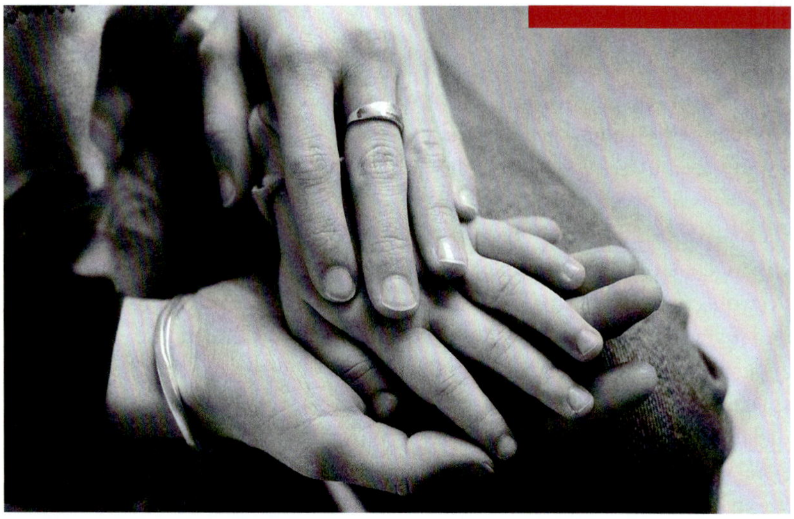

„Ich bin für dich da und höre dir zu!"

Beispiel tief ein und macht ein sorgenvolles Gesicht, wenn das Kind etwas Trauriges erzählt. Auf diese Weise erfährt das Kind Verständnis und wird dabei unterstützt, sich selbst wahrzunehmen.
Neben nonverbalen Signalen sind unterschiedliche Formen verbalen Spiegelns bedeutsam:

- Die Handlung eines Kindes wird benannt (begleitendes Sprechen). Beispiel: „Als du heute früh in die Gruppe gekommen bist, hast du dich gleich in die Hängematte gelegt, ohne die anderen zu begrüßen."
- Gefühle, die das Kind zeigt, werden benannt. Beispiel: „Als dir beim Malen der Wasserbecher umgefallen ist, hast du ganz erschrocken geschaut. Hattest du Angst, dass jemand schimpft?"
- Verbale Äußerungen des Kindes werden wiederholt – wortwörtlich, als korrigierendes Feedback oder in Umschreibung.

Gespräche anregen
Während manche Kinder bereitwillig auch über schwierige Themen sprechen und in ihren Äußerungen geradezu übersprudeln, trauen sich andere Kinder nur selten, von sich aus das Wort zu ergreifen. Gerade für schüchterne, in sich gekehrte, verängstigte oder sprachauffällige Kinder ist es wichtig, dass die pädagogische Fachkraft Gespräche anregt. Eine häufig erfolgreiche Möglichkeit, Kinder in Gespräche einzubeziehen, besteht darin, sich gemeinsam auf ein Drittes zu konzentrieren (triangüläre Perspektive). Dieses Dritte sollte das Kind möglichst emotional ansprechen. Beispiel: „Als du in der Kuschelecke ‚Streit' gespielt hast, hat dein Teddy ganz viel in sein Haus mitgenommen. Was war da alles dabei?"

Fragetechniken sinnvoll nutzen
Fragen unterstützen das Kind dabei, sich zu erinnern, Assoziationen aufzubauen, eigene Ideen zu strukturieren und sich eine Meinung zu bilden. Darüber hinaus wird den Kindern durch Fragen gezeigt, dass Erwachsene keineswegs – wie von ihnen oft vermutet – bereits alles wissen.
Um ein Gespräch mit Kindern zu eröffnen, sind offene Fragen (Fragen, auf die nicht mit „Ja" oder „Nein" geantwortet werden kann) sinnvoll, eventuell eingeleitet mit einer erläuternden Aussage. Beispiel: „Manchmal haben Kinder Angst, beispielsweise wenn sie bei Dunkelheit in den Keller gehen. Wann bist du schon einmal ängstlich gewesen?" Offene Fragen fördern freie Assoziationen. Sie begrenzen den Gesprächspartner nicht, sondern fordern ihn auf, sich inhaltlich und persönlich zu beteiligen. Geschlossene Fragen, auf die mit einem einfachen „Ja" oder „Nein" geantwortet werden kann, sind demgegenüber für die Klärung von Sachinhalten wichtig. Beispiel: „Möchtest du etwas zu trinken haben?" Auch die sogenannten W-Fragen (wer, was, wo, wann, wie, warum), mit denen häufig eine offene Fragestellung verbunden wird, können Entscheidungsfragen sein, deren Antworthorizont vorgegeben ist. Beispiel: „Wie alt bist du?"
Beispiele für offene Fragen:

- Ich habe gesehen, dass du … Was hattest du denn vor?
- Magst du mir dazu etwas erzählen?
- Kannst du mir zeigen (erklären, erzählen), was du dann gemacht hast?
- Weißt du noch, …?
- Wie kannst du dir das erklären?

Fragen können auf unterschiedliche Weise wiederholt werden, wenn dabei nicht zu komplex und abstrakt gefragt wird. Es erleichtert das Verständnis, eher raum- als zeitbezogen zu fragen (z. B. „Wo warst du, als … passiert ist?" statt „Wann…?"). An einen räumlich-situativen Kontext können sich junge Kinder leichter erinnern als an zeitliche Abläufe.

Für den Gesprächsbeginn sind offene Fragen sinnvoll.

Bisweilen kann es hilfreich sein, auf die Metaebene zu wechseln, also über das Reden zu reden. Beispiel: „Weißt du, manchmal traue ich mich nicht, etwas zu sagen. Geht es dir auch so?" Metakommunikation macht besonders deutlich, dass ein Interesse an der wirklichen Meinung des Kindes besteht. Suggestive Fragen wie „Es war doch bestimmt ganz toll, dass dein Papa am Wochenende auf dich aufgepasst hat, oder?", sollten weitgehend vermieden werden, da sich in ihnen bereits die Antworten verstecken, die vom Kind erwartet werden. Langsames Sprechen beruhigt. Wer langsam spricht, gibt dem anderen das Gefühl, reagieren zu dürfen. Fragen sollten daher langsam und deutlich formuliert werden. Auf diese Weise können Kinder besser in das Gespräch einsteigen. Sie haben ausreichend Zeit, die Informationen zu verarbeiten und in Ruhe selbst zu formulieren.

Altersgerechte Beteiligung an Entscheidungen
Die Bereitschaft zur Kommunikation wird durch die Erfahrung eigener Wirksamkeit gefördert, also dadurch, dass dem Kind deutlich wird, dass seine Worte Gewicht haben und zu Veränderungen im Handeln führen. Am Ende eines Gesprächs sollte da-

her mit dem Kind besprochen werden, welche Konsequenzen sich daraus ergeben. Die pädagogische Fachkraft sollte ihm mitteilen, dass sie über wichtige Inhalte des Gesprächs sprechen wird, um anschließend den Austausch mit den Eltern zu suchen (dies gilt nicht in den Fällen, in denen ein Gespräch mit den Eltern die Gefährdung des Kindes noch verstärkt). Manchmal will ein Kind nicht, dass die Eltern erfahren, was es im Kindergarten über die Situation zu Hause erzählt hat. In diesem Fall sollte die Erzieherin nachfragen, was das Kind befürchtet – und auch, was genau aus seiner Sicht den Eltern nicht mitgeteilt werden soll. In vielen Fällen bezieht sich der Wunsch des Kindes nach Vertraulichkeit lediglich auf bestimmte Aspekte seiner Mitteilungen oder auf einzelne Formulierungen, wegen derer es sich z. B. schämt. Soweit dies nicht den Kern seiner Aussagen betrifft, sollte darauf Rücksicht genommen werden. Wenn ein Kind jedoch darauf besteht, dass mit den Eltern überhaupt nicht über seine Situation gesprochen wird, so kann diesem Wunsch nicht entsprochen werden. Dem Kind sollte dies z. B. wie folgt vermittelt werden: „Ich habe verstanden, dass du nicht möchtest, dass wir mit deinen Eltern über deine Situation sprechen. Du befürchtest, dass dann alles nur noch schlimmer wird. Für mich ist ein Gespräch mit deinen Eltern aber sehr wichtig, weil ich für deinen Schutz und deine Sicherheit mitverantwortlich bin. Daher werde ich zusammen mit deinen Eltern versuchen, eine Lösung zu finden, damit es dir besser geht.“ Anschließend sollte dem Kind versichert werden, dass es von der Erzieherin über den Verlauf der Gespräche mit den Eltern auf dem Laufenden gehalten wird. Die Information und Einbeziehung des Kindes in die weiteren Entscheidungen sollten auch Bestandteil der Gespräche mit den Eltern sein.

Bei Verdacht auf Kindeswohlgefährdung muss das Gespräch mit den Eltern gesucht werden.

Gesprächsführung mit Eltern

Eltern, die ihr Kind vernachlässigen oder ihm Gewalt antun, fühlen sich normalerweise deswegen schuldig. Auch wenn sie es nicht gerne zugeben, wissen sie in der Regel, dass ihr Verhalten nicht in Ordnung ist und dem Kind schadet. Gerade deshalb reagieren sie besonders empfindlich, sobald sie darauf angesprochen werden. Wenn die Kita bei einem Kind gewichtige Anhaltspunkte für eine Kindeswohlgefährdung feststellt, bestehen unterschiedliche Möglichkeiten, mit den Eltern umzugehen:

- Nichts tun, in der Hoffnung, dass sich die Situation von alleine entschärft;
- die Eltern bei nächster Gelegenheit zwischen Tür und Angel ansprechen;
- die Eltern zu einem Gespräch einladen.

Nichtstun widerspricht allein schon den gesetzlichen Vorgaben, die besagen, dass Kindertageseinrichtungen bei gewichtigen Anhaltspunkten für eine Kindeswohlgefährdung tätig werden müssen (§ 8a Abs. 4 SGB VIII), und scheidet deshalb von vornherein aus. Aber auch „Tür- und Angel-Gespräche“ sind kein sinnvolles Vorgehen, da sie nicht den angemessenen Rahmen für ein solches Thema bieten. Dagegen spricht im Falle gewichtiger Anhaltspunkte für eine Kindeswohlgefährdung vieles dafür, die Eltern zu einem extra aus diesem Grund anberaumten Gespräch einzuladen. Im Folgenden werden Rahmenbedingungen und Ablauf eines solchen Gesprächs sowie wichtige Aspekte der Gesprächsführung erläutert.

Teilnehmer

Zu dem Gespräch sollten beide Eltern eingeladen werden, je nach Familiensituation und wenn der sorgeberechtigte Elternteil damit einverstanden ist auch die Lebenspartner oder eine andere für das Kind Sorgeverantwortung übernehmende Person. Vonseiten der Kita sollten zwei pädagogische Fachkräfte an dem Gespräch teilnehmen, darunter in der Regel die Leitungskraft. Eine Gesprächsführung zu zweit erhöht die Aufmerksamkeit und ermöglicht eine sinnvolle Rollenverteilung: Die Leitung übernimmt die Moderation, während die für das Kind zuständige Fachkraft von den Beobachtungen berichtet, die zur Sorge um das Kind Anlass geben.

Einladung

Die Eltern sollten mündlich und ergänzend schriftlich eingeladen werden. In jedem Fall sollte der Termin mündlich bestätigt werden. Dabei ist es sinnvoll, sich zugleich über die teilnehmenden Personen zu verständigen. Als Begründung für die Einladung zum Gespräch kann angegeben werden, dass die Kita aus Sorge um das Kind ein extra anberaumtes Gespräch wünscht.

Zeit und Ort

Das Gespräch sollte so terminiert werden, dass niemand (z. B. aus beruflichen Gründen) an der Teilnahme gehindert wird. Eventuell muss eine Kinderbetreuung organisiert werden, damit die Erwachsenen ungestört miteinander sprechen können. Normalerweise reichen 45 bis 60 Minuten für das Gespräch aus, bei Bedarf kann ein Folgetermin vereinbart werden. Länger dauernde Gespräche sind zumeist nicht sinnvoll, da die Konzentration nachlässt. Nicht nur der Zeitpunkt des Beginns, sondern auch die maximale Dauer des Gesprächs sollten bereits in der Einladung benannt werden. Als Ort für das Gespräch sollte ein ausreichend großer Raum gewählt werden, der mit einem Tisch und bequemen Stühlen ausgestattet ist. Der Raum sollte vor Störungen (z. B. durch Telefonate) geschützt sein.

Vorgehen bei Absagen bzw. Nichterscheinen

Wenn beide Eltern das Gespräch absagen oder nicht erscheinen, sollte nach Abklärung der Gründe ein zweiter Versuch unternommen werden. Wird auch dieser Termin nicht wahrgenommen und bestehen die gewichtigen Anhaltspunkte für eine Kindeswohlgefährdung fort, sollte die Leitung die Eltern schriftlich um ein Gespräch mit einer Mitarbeiterin bzw. einem Mitarbeiter des Jugendamts bitten. Lehnen die Eltern ein solches gemeinsames Gespräch nachhaltig ab oder ignorieren sie die Einladung, muss die Kita das Jugendamt auch ohne Einwilligung der Eltern informieren (§ 8a Abs. 4 SGB VIII). Wenn beide Eltern ihre Teilnahme an dem Gespräch zugesagt haben, aber nur ein Elternteil erscheint, sollten die Gründe für das Nichterscheinen thematisiert und – sofern möglich – das Gespräch verschoben werden. Dabei sollte die Leitung deutlich machen, wie wichtig ihr der Austausch mit beiden für das Kind verantwortlichen Eltern ist. Wenn auch zum zweiten Termin nicht beide Eltern erscheinen, so sollte diese Entscheidung respektiert und das Gespräch mit einem Elternteil allein geführt werden.

Begrüßung und Eröffnung

Begrüßung und Eröffnung des Gesprächs sind Aufgabe der Leiterin. Sie könnte sich z. B. wie folgt an die Eltern wenden: „Vielen Dank, dass Sie beide sich Zeit für dieses Gespräch genommen haben. Wir haben Sie zu diesem Gespräch eingeladen, weil wir uns Sorgen um Ihr Kind machen. Wir bitten Sie, uns bei der Beantwortung der Frage zu unterstützen, inwieweit diese Sorgen berechtigt sind und was getan werden kann, um sie gegebenenfalls auszuräumen."

Verlauf des Gesprächs

Im Anschluss an die Gesprächseröffnung sollte die Leiterin die zuständige Fachkraft bitten, die gewichtigen Anhaltspunkte für eine Kindeswohlgefährdung möglichst konkret zu benennen und die daraus resultierende Besorgnis der Einrichtung zu formulieren. Die Erzieherin sollte ihre Beobachtungen und die des Teams sachlich darstellen, ohne dabei über die Gründe für die mögliche Gefährdung des Kindes zu spekulieren. Nicht nur die äußerlich sichtbaren Folgen wie z. B. eine Verletzung oder ein auffälliges Verhalten des Kindes, sondern auch die vermuteten seelischen Folgen für das Kind und die damit verbundenen Sorgen der pädagogischen Fachkräfte sollten thematisiert werden. Jegliche Schuldzuweisungen sind zu vermeiden (Beispiel für die Schilderung einer Erzieherin: vgl. Kapitel IV, Abschnitt „Suchtabhängigkeit der Eltern"). Im nächsten Schritt sollte die Leitung die Eltern bitten, aus ihrer Sicht zu schildern, wie sie die Situation sehen. Ausdrücklich sollten die Eltern aufgefordert werden, mögliche weitere Punkte zu benennen, die ihnen hinsichtlich ihres Kindes Sorgen bereiten und die der Kita bisher eventuell nicht bekannt waren und/oder wichtig sind, um ein Gesamtbild der Situation zu erhalten.
Daraufhin kann eine erste Bilanz gezogen werden: Welche Sorgen haben sich als (nicht) berechtigt erwiesen? Was erweist sich bei genauerer Betrachtung als weniger/besonders bedeutsam? Welche neuen Aspekte sind hinzugekommen? Inwieweit überschneidet sich die Problemsicht der Mutter bzw. des Vaters mit der Perspektive der Kita? In welchen Punkten konnte keine Einigung erzielt werden? Anschließend geht es darum, Lösungen für die erkannten Probleme zu finden. Dies kann auf drei Ebenen geschehen: (1) Änderungen, die von den Eltern selbst herbeigeführt werden; (2) Unterstützung, die von der Kita geleistet wird; (3) Hilfen, die bei anderen Diensten oder Einrichtungen (z. B. Beratungsstellen, Jugendamt, medizinische Dienste) in Anspruch genommen bzw. beantragt werden.
Sofern eine bestimmte Lösung nicht auf der Hand liegt und die Probleme einer genaueren Diagnostik bedürfen, muss überlegt werden, durch wen die weitere Abklärung erfolgen soll (z. B. Kinderarzt, Sozialpädiatrisches Zentrum, Allgemeiner Sozialer Dienst des Jugendamts).

Leitung und zuständige Fachkraft führen das Gespräch gemeinsam.

Vereinbarung über das weitere Vorgehen

Zum Schluss des Gesprächs muss das weitere Vorgehen vereinbart werden: Wer unternimmt was in welchem Zeitraum? Was geschieht, wenn vereinbarte Lösungen sich als nicht durchführbar oder erfolglos erweisen? Wann findet das nächste Gespräch statt, in dem überprüft wird, ob die Hilfen erfolgreich waren? Sind die Eltern damit einverstanden, dass die Kita direkt in Kontakt zu einer beteiligten Einrichtung (z. B. dem Jugendamt) tritt? Je nach elterlicher Kooperationsbereitschaft und Schweregrad der Gefährdung sollte den Eltern gegebenenfalls mitgeteilt werden, dass die Kita das Jugendamt informieren muss, sofern die vereinbarten Hilfen nicht in Anspruch genommen werden oder nicht ausreichen. Sämtliche Vereinbarungen sollten schriftlich festgehalten und von den Eltern und der Leiterin unterschrieben werden. Zum Schluss sollte sich die Leitung bei den Eltern für deren Mitwirkung bedanken und den Termin des nächsten Gesprächs in Erinnerung rufen.

Das weitere Vorgehen wird vereinbart und schriftlich fixiert.

Anforderungen an die Dokumentation

Eine sorgfältige schriftliche Dokumentation ist Bestandteil eines professionellen Umgangs mit Kindeswohlgefährdungen. Sie dient sowohl der Evaluation des eigenen Vorgehens als auch – falls erforderlich – der rechtlichen Überprüfbarkeit. Sofern im Sinne von § 8a Abs. 4 SGB VIII das Jugendamt eingeschaltet wird, trägt eine gut geführte Dokumentation auch dazu bei, die Vorgehensweise der Kita fachlich nachvollziehbar und überprüfbar zu machen. Die Dokumentation sollte von der für das Kind zuständigen Fachkraft in Absprache mit der Leitung erstellt werden. Zur Gewährleistung des Datenschutzes ist darauf zu achten, dass sie so aufbewahrt wird, dass sie nicht von unbefugten Dritten eingesehen werden kann. Beobachtungen sollten zeitnah festgehalten und so konkret wie möglich beschrieben werden. Daraus abgeleitete Hypothesen und Schlussfolgerungen sind als solche zu benennen und von den Beobachtungen getrennt darzustellen. Sämtliche Angaben sollten mit Datum und Uhrzeit sowie mit dem Namen der jeweils dokumentierenden Fachkraft gekennzeichnet sein. Die Dokumentation sollte sich insbesondere auf die folgenden Aspekte beziehen:

- Beschreibung der (gewichtigen) Anhaltspunkte für eine Kindeswohlgefährdung bei Kind und Eltern sowie der daraus abgeleiteten Hypothesen.
- Ergebnisse der kollegialen Beratung unter Einbeziehung der Leitung und gegebenenfalls des Trägers (einschließlich eventuell abweichender fachlicher Einschätzungen).
- Ergebnisse der Beratung mit der insoweit erfahrenen Fachkraft gemäß § 8a Abs. 4 SGB VIII.
- Beschreibung der Kontaktaufnahme und der Gespräche mit den Eltern sowie Darstellung der Gesprächsergebnisse.
- Nennung der von den Eltern in Anspruch genommenen Hilfen, sowohl innerhalb der Einrichtung als auch von externen Fachdiensten (einschließlich der vereinbarten Rückmeldungen).
- Beschreibung der Wirksamkeit der angenommenen Hilfen im Hinblick auf die Beendigung der Gefährdung.
- Falls im konkreten Fall erforderlich: Informationen, die an das Jugendamt übermittelt wurden.
- Falls im konkreten Fall erforderlich: Vereinbarungen über die Kooperation zwischen Kindertageseinrichtung und Jugendamt.

Schlusswort

Jedes in Deutschland lebende Kind hat ein Recht auf Schutz vor Gewalt und Gefährdungen für sein Wohl. Aus den Rechten der Kinder folgt eine Schutzpflicht all derer, die Verantwortung für Kinder tragen. Dies gilt auch für Kindertageseinrichtungen. In erster Linie ist es dabei Aufgabe der pädagogischen Fachkräfte, Anzeichen für Gefährdungen so früh wie möglich zu erkennen, um rechtzeitig auf Hilfen hinzuwirken und (weiteren) Schaden vom Kind abzuwenden. Der Schutz von Kindern in Tageseinrichtungen ist daher vor allem auf Prävention und frühe Hilfeanbahnung angelegt. Neben der Hilfe für einzelne betroffene Kinder und ihre Eltern sollte der vorbeugende Kinderschutz Teil der pädagogischen Arbeit mit den Kindern und der Angebote für alle Eltern sein. Eine konzeptionelle Orientierung an dem Kinderrechtsansatz und die Durchführung von Bildungsprogrammen zur Förderung der sozialen und emotionalen Kompetenzen der Kinder gehören hier ebenso dazu wie eine den Kinderschutz einbeziehende Erziehungs- und Bildungspartnerschaft mit den Eltern. Den Schutz und die Stärkung der Persönlichkeit der Kinder in Tageseinrichtungen als Bestandteil des allgemeinen Erziehungs-, Bildungs- und Betreuungsauftrags zu verstehen, trägt dazu bei, Gewalt gegen Kinder und andere Formen der Gefährdung immer weiter zurückzudrängen.

Adressen

Für den Umgang von pädagogischen Fachkräften mit Kindeswohlgefährdung sind vor allem die Adressen von Kooperationspartnern vor Ort wichtig. Hierzu gehören neben Notfalladressen (Polizei, Feuerwehr, Krankenhaus, Kinderarzt) die Adressen des zuständigen Jugend- und Gesundheitsamtes sowie von Beratungsstellen. Zu empfehlen ist, eine mit Adressen und Ansprechpartnern versehene „Landkarte" der medizinischen und psychosozialen Einrichtungen und Dienste in der Region anzulegen. Ergänzend sollten auch für die Eltern Adressen, Flyer, Plakate etc. relevanter Institutionen zugänglich sein, um auf diese Weise deutlich zu machen, dass eine Vernetzung mit anderen Einrichtungen im Sozialraum selbstverständlicher Bestandteil der Arbeit der Kita ist. Die folgende Liste verzeichnet wichtige überregionale Adressen.

Arbeitskreis Neue Erziehung (ANE) e.V.
Hasenheide 54, 10967 Berlin
Tel. 0 30 / 25 90 06-0
www@ane.de
(Elternbriefe u. a. zur gewaltfreien Erziehung)

Bundesarbeitsgemeinschaft der Kinderschutz-Zentren
Bonner Str. 145, 50968 Köln
Tel. 02 21 / 56 97 53
www.kinderschutz-zentren.org
(Adressen der Kinderschutz-Zentren)

Bundeskonferenz für Erziehungsberatung (bke) e.V.
Herrnstr. 53, 90763 Fürth
Tel. 09 11 / 97 71 40
www.bke.de
(Verzeichnis der Erziehungs- und Familienberatungsstellen)

Deutsche Gesellschaft für Prävention und Intervention bei Kindesmisshandlung und -vernachlässigung (DGfPI) e.V.
Sternstr. 58, 40479 Düsseldorf
Tel. 02 11 / 4 97 68 00
www.dgfpi.de
(Informationen für Fachkräfte)

Deutsche Liga für das Kind
Charlottenstr. 65, 10117 Berlin
Tel. 0 30 / 28 59 99 70
www.liga-kind.de
(Filme u. a. zur gewaltfreien Erziehung, Wegweiser für den Umgang nach Trennung und Scheidung)

Deutscher Kinderschutzbund Bundesverband (DKSB) e.V.
Schöneberger Str. 15, 10963 Berlin
Tel. 0 30 / 21 48 09-0
www.dksb.de
(Elterntelefon: 08 00-1 11 05 50)

Informationszentrum Kindesmisshandlung/Kindesvernachlässigung (IzKK)
c/o Deutsches Jugendinstitut
Nockherstr. 2, 81541 München
Tel. 0 89 / 6 23 06-2 29
www.dji.de/izkk
(Fachinformationen u. a. zur Prävention von Gewalt gegen Kinder)

Nationales Zentrum Frühe Hilfen
c/o Bundeszentrale für gesundheitliche Aufklärung
Ostmerheimer Str. 220, 51109 Köln
Tel. 02 21 / 89 92-0
www.fruehehilfen.de
(Vernetzung früher Hilfen)

Literatur

Arbeitskreis Neue Erziehung: Kinder stark machen – sexuellem Missbrauch vorbeugen. Sonderelternbrief. Zu beziehen über: ane@ane.de

Arbeitskreis Neue Erziehung: Mit Respekt geht's besser – Kinder gewaltfrei erziehen. Sonderelternbrief. Zu beziehen über: ane@ane.de

Ariès, P. (1978): Geschichte der Kindheit. München: dtv.

Aufdembrinke, D. (2009): Niemals Gewalt. Kurzfilm (6 Min.) zur gewaltfreien Erziehung nach einer Erzählung von Astrid Lindgren. Zu beziehen über: www.niemals-gewalt.de

Bensel, J./Prill, T./Haug-Schnabel, G./Fritz, B./Nied, F. (2012): Einschätzskala Kindeswohlgefährdung in Kindertageseinrichtungen. Im Auftrag des Kommunalverbandes Jugend und Soziales (KVJS) Baden-Württemberg. Zu beziehen über: www.kvjs.de/jugend/kinderschutz/kiwo-skala-kinderschutz-in-tageseinrichtungen.html.

Brazelton, T. B./Greenspan, S. I. (2. Aufl. 2008): Die sieben Grundbedürfnisse von Kindern. Weinheim: Beltz.

de Mause, L. (1977): Hört ihr die Kinder weinen. Eine psychogenetische Geschichte der Kindheit. Frankfurt a.M.: Suhrkamp.

Deegener, G. (5. Aufl. 2010): Kindesmissbrauch. Erkennen – helfen – vorbeugen. Weinheim: Beltz.

Delfos, M. F. (2004): „Sag mir mal ...". Gesprächsführung mit Kindern. Weinheim: Beltz.

Deutsche Liga für das Kind (Hrsg.) (2011): Eltern vor dem Familiengericht. Schritt für Schritt durch das familiengerichtliche Verfahren. Zu beziehen über: www.fruehe-kindheit-online.de

Deutsche Liga für das Kind (Hrsg.) (2002): Kinder sind unschlagbar. Keine Gewalt in der Erziehung. Film zum Recht von Kindern auf gewaltfreie Erziehung (DVD, 50 Min.). Zu beziehen über: www.fruehe-kindheit-online.de

Deutsche Liga für das Kind/Deutscher Kinderschutzbund/Verband alleinerziehender Mütter und Väter (Hrsg.) (6. Aufl. 2012): Wegweiser für den Umgang nach Trennung und Scheidung. Zu beziehen über: www.fruehe-kindheit-online.de

Deutscher Kinderschutzbund LV Nordrhein-Westfalen/Niedersächsisches Ministerium für Soziales, Frauen, Familie und Gesundheit (Hrsg.) (2007): Kindesvernachlässigung. Erkennen – Beurteilen – Handeln. Münster: ISA Eigenverlag.

Enders, U. (Hrsg.) (2012): Grenzen achten. Schutz vor sexuellem Missbrauch in Institutionen. Köln: Kiepenheuer & Witsch.

Fegert, J. M. (1999): Welches Wissen erleichtert dem Verfahrenspfleger die Kommunikation mit Kindern? In: Familie, Partnerschaft, Recht, Heft 6/1999, S. 321–327.

Goldstein, J./Freud, A./Solnit, A. J. (1988): Das Wohl des Kindes. Frankfurt a.M.: Suhrkamp.

Helfer, M. E./Kempe, R. S. /Krugman, R. D. (Hrsg.) (2002): Das misshandelte Kind. Frankfurt a.M.: Suhrkamp.

Jordan, E. (Hrsg.) (2006): Kindeswohlgefährdung. Rechtliche Neuregelungen und Konsequenzen für den Schutzauftrag der Kinder- und Jugendhilfe. München: Juventa.

Key, E. (2000): Das Jahrhundert des Kindes. Weinheim: Beltz.

Kinderschutz-Zentrum Berlin e.V. (Hrsg.) (11. Aufl. 2009): Kindesmisshandlung. Erkennen und Helfen. Berlin.

Kindler, H. et al. (Hrsg.) (2007): Handbuch Kindeswohlgefährdung nach § 1666 BGB und Allgemeiner Sozialer Dienst (ASD). PDF-Version des Handbuchs zu beziehen über: publikationen@bundesregierung.de

Korbin, J. E. (2002): Kindesmisshandlung im kulturellen Kontext. In: Helfer, M. E. et al. (Hrsg.): Das misshandelte Kind. Frankfurt a.M.: Suhrkamp, S. 49–78.

Korczak, J. (6. Aufl. 1998): Das Recht des Kindes auf Achtung. Göttingen: Vandenhoeck & Ruprecht.

Künster, A./Thurn, L./Fischer, D./Wucher, A./Kindler, H. /Ziegenhain, U. (2011): Wahrnehmungsbogen für den Kinderschutz. Version für Klein- und Vorschulkinder©. KJPP, Universitätsklinikum Ulm. Zu beziehen über: https://fruehehilfen-bw.de/course/view.php?id=89#section–3

Maslow, A. H. (11. Aufl. 2008): Motivation und Persönlichkeit. Reinbek: Rowohlt.

Maywald, J. (2012): Kinder haben Rechte! Kinderrechte kennen – umsetzen – wahren. Weinheim: Beltz.

Maywald, J. (2011): Kindeswohlgefährdung. Die Rolle der Kindertageseinrichtung – Anforderungen an Fachkräfte. Expertise im Auftrag des Deutschen Jugendinstituts (Weiterbildungsinitiative Frühpädagogische Fachkräfte/WiFF). München.

Maywald, J./Valentien, S. (2012): Kindergarten plus. Handbuch für Erzieherinnen und Erzieher. Berlin: Deutsche Liga für das Kind.

Meysen, T./Eschelbach, D. (2012): Das neue Bundeskinderschutzgesetz. Baden-Baden: Nomos.

Resch, F. (2001): Selbstentfremdung: Entwicklungsstörung oder Selbstfürsorge? In: Lehmkuhl, U. (Hrsg.): Abschied und Neubeginn, Kontinuität und Wandel in der Individualpsychologie. München: Reinhardt, S. 99–116.

Resch, F./Lehmkuhl, U. (2008): Zur Entwicklung der kindlichen Persönlichkeit: Grundbedürfnisse und Forderungen an die soziale Umwelt. In: frühe Kindheit, Heft 2/2008, S. 6–11.

Streeck-Fischer, A. et al. (2001): Perspektiven der Traumaforschung. In: Streeck-Fischer, A. et al. (Hrsg.): Körper, Seele, Trauma. Göttingen: Vandenhoeck & Ruprecht, S. 12–22.

Strohhalm e.V. (Hrsg.) (2. Aufl. 2004): „Ist das eigentlich normal?“ Sexuelle Übergriffe unter Kindern. Leitfaden zur Verhinderung und zum pädagogisch-fachlichen Umgang. Zu beziehen über: www.strohhalm-ev.de

Vereinte Nationen (1989): Übereinkommen über die Rechte des Kindes. New York. Zu beziehen über: www.national-coalition.de

von Staudinger, J./Coester, M. (2000): Kommentar zum Bürgerlichen Gesetzbuch. 4. Buch Familienrecht §§ 1638–1683. 13. Bearbeitung. Berlin: Sellier-de Gruyter.

Ziegenhain, U./Fegert J. M. (Hrsg.) (2007): Kindeswohlgefährdung und Vernachlässigung. München: Ernst Reinhardt.

Hinweis

Die im Heft dargestellten rechtlichen Aspekte wurden juristisch geprüft; dennoch übernimmt der Verlag dafür keine Gewähr.

Impressum

wissen kompakt/spezial: Kindeswohlgefährdung – vorbeugen, erkennen, handeln ist ein Sonderheft von ‚kindergarten heute – Die Fachzeitschrift für Erziehung, Bildung und Betreuung von Kindern‘

Redaktion:
Carolin Küstner (verantw.)

Anschrift der Redaktion:
Hermann-Herder-Str. 4
79104 Freiburg
Tel.: 0761 / 2717-439
Fax: 0761 / 2717-240
E-Mail: redaktion@kindergarten-heute.de
www.kindergarten-heute.de

Verlag:
© Verlag Herder GmbH, Freiburg i. Br. 2009
Bei Fragen zur Produktsicherheit wenden Sie sich an produktsicherheit@herder.de
Alle Rechte vorbehalten
www.herder.de

Fotos:
Titelfoto und sämtliche Innenfotos:
Hartmut W. Schmidt, Freiburg

Layout:
Frank & Konsorten
Werbeagentur, Lahr

Satz und digitale Bearbeitung:
fgb · freiburger graphische betriebe

Druck:
Medienhaus Plump GmbH, Rheinbreitbach

Leserservice:
Verlag Herder GmbH
Hermann-Herder-Str. 4
79104 Freiburg
Tel.: 0761 / 2717-379
0761 / 2717-244
Fax: 0761 / 2717-249
E-Mail: kundenservice@herder.de

Gedruckt auf chlorfrei gebleichtem Papier
Printed in Germany

Titelnummer: 153
ISBN: 978-3-451-00153-6

2. Auflage 2014